大师精华课系列

管理学
原来很有趣

16位大师的精华课

张楠 著

HANAGEHENT
IS VERY
INTERESTING
THE ESSENCE OF 16 MASTERS

清华大学出版社
北 京

内 容 简 介

《管理学原来很有趣》是一本专门介绍管理学的图书，其特点是以古今中外的管理学大师口述的方式，讲述其思想精华。本书虚拟了16堂管理学大家之课，分别从16个方面讲述管理学的内容。在授课过程中，作者安排了读者与管理学大师们的互动交流，从而更好地帮助读者理解管理学内容。本书力求让读者在轻松愉快的氛围里，熟练地掌握管理学知识，学到管理技能。

图书在版编目（CIP）数据

管理学原来很有趣：16位大师的精华课 / 张楠著 . —北京：清华大学出版社，2021.10
（大师精华课系列）
　ISBN 978-7-302-57264-0

　Ⅰ.①管…　Ⅱ.①张…　Ⅲ.①管理学—通俗读物　Ⅳ.① C93-49

中国版本图书馆 CIP 数据核字 (2021) 第 004995 号

责任编辑：刘　洋
封面设计：徐　超
版式设计：方加青
责任校对：王荣静
责任印制：杨　艳

出版发行：清华大学出版社
　　　网　　　址：http://www.tup.com.cn，http://www.wqbook.com
　　　地　　　址：北京清华大学学研大厦 A 座　　　　邮　　编：100084
　　　社 总 机：010-62770175　　　　　　　　　　邮　　购：010-62786544
　　　投稿与读者服务：010-62776969，c-service@tup.tsinghua.edu.cn
　　　质 量 反 馈：010-62772015，zhiliang@tup.tsinghua.edu.cn
印 装 者：三河市国英印务有限公司
经　　销：全国新华书店
开　　本：148mm×210mm　　　印　张：9.5　　　字　数：211 千字
版　　次：2021 年 11 月第 1 版　　　印　次：2021 年 11 月第 1 次印刷
定　　价：89.00 元

产品编号：086709-01

序言

很多做企业的人都会问，企业到底是什么？为什么有人拥有丰厚的财力物力，却做不出一个强大优秀的企业？为什么有人做了很多年的企业，却依旧对企业的概念非常模糊？

究其原因，就是因为他们不懂得对企业进行管理。企业是一个完整的系统，这个系统有两个根本的任务：赚钱和管理。

随着当今社会的不断发展，企业管理方法也成为各大公司竞争的重要方面。越来越多的企业管理者都将目光集中到了企业管理上。

现代企业的竞争，说到底就是管理方面的竞争。企业管理是一门科学，其最终目标就是实现企业的飞速发展，开创企业与员工互利共赢的局面。

拥有健全的企业管理制度，就能在日益残酷的企业竞争中站稳脚跟。企业管理不但能让企业的运作效率大大提高，还能树立企业积极健康向上的形象，同时还能规范企业的行为，充分激发员工的潜能，满足客户的需要。

一个企业要想做大做强，企业管理是必不可少的行为和手段。从各大企业多年的实践经验可以得出，使用健全的管理方式来管理企业，对规范企业、提高竞争力有很大的成效。换言之，企业制度化的管理模式就是未来企业的发展方向。

为了能让读者对管理学有更好的了解，《管理学原来很有趣：16位大师的精华课》一书介绍了当前企业中普遍存在的问题，同时穿插了大量案例与图示，给出了解决案例中问题的方法，力图让读者能对企业中的管理问题做到"有则改之，无则加勉"。

其实，了解管理学并不难。管理学也可以变得妙趣横生。《管理学原来很有趣：16位大师的精华课》就是这样一本通俗的大众管理学读物。

《管理学原来很有趣：16位大师的精华课》能够引导每一位读者入门。不管你是对管理学略知一二，还是根本就是零基础，本书都能帮助你更好地学习管理学。

本书包含了管理学基础原理、科学管理、目标管理、智能管理、控制管理、激励管理、人际关系管理、决策管理、人力资源管理、组织文化管理、经理人价值管理、全球环境团队管理、运营管理、多样性管理和领导行为管理等内容，可以说是包罗万象，是管理学爱好者的福音。

现代企业对传统管理学提出了新的挑战，因此，对新出现的管理方面的问题，本书也为读者们作出了详细的解读。这是新形势下读者们的需要，也是我们对管理学的延伸和拓展。

　　此外，《管理学原来很有趣：16 位大师的精华课》还有六大特色：不谈空泛的理论，以实用性为主；采用课堂手法，讲解管理学知识；给出有趣的管理现象；将管理学专业术语化繁为简；深入浅出地解析管理学理论；配以图片，让读者更容易理解管理学内容。

　　这本书的重点不在于教授读者那些深奥的理论，或者让读者学习繁杂的知识来分析管理学现象和问题，而在于逐步引导读者，让读者能像管理学家那样思考，用管理学家的思维去思考问题，用管理学内容去解决问题。下面，就让我们与 16 位国际管理学大师一起，展开一场奇妙的管理学之旅吧！

引言

李彬跟杜伟男在 R 市合资开了一家银河酒店。两个人生意做得很大，银河酒店很快就成了 R 市的第一大酒店，下面还增设了银河宾馆、银河超市和银河洗浴等。

随着生意越做越大，管理问题成了让李、杜二人头痛不已的事情。家大业大，总不能什么都让两位老板亲力亲为吧？可如果给手下放权，这个放权的分寸也不好把握。

看着两位老板整日眉头深锁，杜伟男的秘书提议道："杜总，咱们银河公司已经是 R 市最大的企业，二位老板若想百尺竿头更进一步，何不去学学管理？考个 MBA？"

杜伟男眉头一皱："你算是说到我心里了，公司越做越大，以前那套管理方法肯定是不行了，我跟李总本想高薪聘几个人才来公司，可来的人都是徒有虚名，根本不懂管理。李总之前抽时间去国外学了学管理，结果也是完全不对公司的路子。考 MBA，我们哪有时间？"

秘书赔着笑脸道："杜总，我听说咱们市的 R 大开了管理班，学生和社会人士都可以去试听。要不，我先替您去听两节？"

杜伟男点了点头，同意了秘书的要求。秘书刚要出门，杜伟男突然又叫住了他："等等，管理学一直是 R 大的重点专业，R 大又是我跟李总的母校，李总去谈生意了，这次我就亲自去吧。你把车备好。"

来到 R 大，杜伟男顺着指示牌来到了 A101-102 礼堂。这里跟自己在校时相比没什么变化，只是周围的面孔都变得更加青春朝气了。

杜伟男一边在心里感慨着，一边找到位置坐定。礼堂的舞台左侧摆着一个褐色的演讲桌，桌上摆着一个复古精致的咖啡壶和一只精美的咖啡杯。

"这位演讲人还挺有品位的嘛。"杜伟男打量着咖啡杯，暗自思忖。

这时，一位身穿棕色西装、打着暗红色领结、花白胡子被修剪出漂亮弧度的外国老人缓缓走上演讲台，他轻轻拍了拍麦克风试音，口气轻松地说道："嘿，嘿，喂？"

下面坐着的观众全都傻眼了，因为对于管理学专业的学生们来说，讲台上的这位演讲者可太眼熟了，几乎每个学生的心里都有了一个响亮的名字。

"这，这是……"一个学生结结巴巴地自语道，杜伟男也跟着倒吸了一口凉气。

"……法约尔？"

目录

第一章
亨利·法约尔导师
主讲"管理过程"

本章通过四个小节的讲解，把亨利·法约尔的管理精髓解释完全。同时，作者使用幽默诙谐的文字，为读者们营造出了一种轻松愉快的氛围。从而让读者能在愉悦的氛围中，提高自己的管理能力。本章适用于所有渴望了解管理过程并希望提高自身管理能力的读者。

亨利·法约尔

（Henri Fayol，1841—1925），古典管理理论的主要代表人物之一，也是"管理过程"学派的创始人。法约尔出生在法国的一个富裕的资产阶级家庭中，在19岁毕业时便取得了矿业工程师资格。在他漫长而成绩卓著的经营生涯中，法约尔一直没有停下钻研管理学的脚步。

在现代管理中，法约尔的"十四条原则"和"五要素"已经被当成了普遍遵循的准则。他的管理这个理论的提出也成为管理史上的里程碑事件。法约尔的"原则"和要素，与泰罗的"哲学"和方法共同构成了古典管理理论的基础。

第一节　管理人的代名词是"万能"？

"大家好，我是亨利·法约尔，想必不少人都听过我的名字吧？"法约尔导师略带自豪地跟大家打着招呼。

"当然！"杜伟男暗自想道，"管理系的走廊上贴的都是你的画像！"

法约尔导师似乎看穿了大家的想法，于是笑眯眯地说道："作为一名资深的管理者，我想跟在座的各位分享一点自己的经验。愿意来听我讲课的，不是企业管理者，就是未来的企业管理者，因此，我想把自己的心得讲述给在场的各位听。"

看着大家从惊讶到接受，再从接受到侧耳倾听，法约尔导师满意地说道："很好，我想在正式开讲之前，先请大家思考一个问题——管理者的角色到底重要吗？"

"重要啊！""当然重要！"下面的观众纷纷说道。

法约尔导师等大家说得差不多了，才一锤定音："不错，管理者的角色是非常重要的——不如说，管理人的代名词就是'万能'（如图 1-1 所示）！"

杜伟男被法约尔导师的言论吓了一跳，暗想："管理者的角色竟然这么重要？"

看着大家面面相觑，颇为心虚的样子，法约尔导师再次肯定道："大家不要觉得我在危言耸听，这么提问吧，在座的各位有开公司的吗？"

图 1-1　管理人的代名词是"万能"

　　杜伟男举起手来，法约尔导师点了点头，说："我请问你，人事部门运作出现问题，需要由谁负责？"杜伟男略一沉吟，说："人事部经理负责。"

　　"如果销售部门出现重大失误，这个需要由谁负责？"

　　"由销售部经理负责。"

　　"那么，如果一个公司运作出现问题，需要谁负责？"

　　杜伟男肯定地回答："当然是我。"

　　法约尔导师满意地点点头："不错，你是个很好的经营者。从我们的对话中，各位也该看出端倪了。不管条件如何、环境如何，管理者都对自己管理的部分负有重要责任。就拿销售部门来说，即便这个重大失误是由小员工犯下的，那最后承担后果的，也必须是销售部经理。当然，当销售部门运行良好时，获得荣誉的也是销售部经理。这一点大家都能认同吗？"

看着大家频频点头，法约尔导师继续说道："一个管理者的素质，就能决定这个部门的素质。因为该部门的组织运行都是由管理者制定的，他们决定了部门应该录用谁、做什么事、采用怎样的决策，因此，他们就要为最后的效率与效益负责。作为部门的中流砥柱，管理人的能力完全可以套用你们中国的一句古话，叫'兵熊熊一个，将熊熊一窝'。"

大家闻言都笑了，杜伟男也暗暗点头。确实，管理人在公司的作用太大了。而且，他们既然接受了老板赋予的权力，就应该克服一切障碍，实现公司目标，也该对自己管理部门的成败后果负责。

法约尔导师看着大家若有所思的样子，笑眯眯地说道："各位也不要觉得管理者就是来'背锅'的，想一想，如果管理者本身就能力过人，那他能经得起多大的诋毁，就能收获多大的赞美嘛。就像克莱斯勒汽车公司的董事会主席李·艾科卡，他就是因为管理能力过人，而从一个管理者一跃变成了美国的民族英雄！"

确实，没有几个学管理的人是不知道艾科卡的。毕竟他跟克莱斯勒公司的故事，一直是管理学界的传说。在 20 世纪 70 年代时，艾科卡接管了濒临倒闭的克莱斯勒公司。上任后，他通过削减费用，引进新型小客车等产品，在短短 4 年时间内，就让公司经营状况从亏损 17 亿美元，转化为获得净利润 24 亿美元！这就是管理的力量。

法约尔导师接着说道："一般来说，当部门或公司运行不好时，管理人就要承担起责任，站出来接受批评，解决问题。当然，在运作良好时，获得最高荣誉、利益的也是管理者。刚才那位开公司的朋友，如果你手下的经理人业绩突出，你会怎么做呢？"

　　杜伟男想了想："在精神层面，我会在公司召开表彰大会予以肯定；在物质层面，绩效、股票、期权等都是可以当作奖励发给经理人的。"

　　法约尔导师笑着点头："很好，那如果经理人犯错，而且是大错，你会怎么样呢？"

　　杜伟男眉头一皱："如果是大错，且不是因为公司的决策失误造成的，而是他本身的管理问题造成的，那我可能会直接开除他，再寻找一位新的经理人。（如图1-2所示）"

　　在选择管理人时，决策者一定要严加把关。当管理人出现原则问题时，决策者需要当机立断，给公司换一位更合适的管理人。

图1-2　选择管理人

　　"很好。"法约尔导师点头肯定道，"其实，我很怕有些经营者存在'妇人之仁'，总给经理人太多机会。相比其他行业，我更喜欢销售这一行，因为做销售的必须要提升能力，要拼命策划、奔走、游说，这样才能为自己争得生存空间。"

　　杜伟男听得频频点头，然后又举手发问道："可是，管理下属永远都是个让人头疼的问题。如果我事事亲力亲为，那就会把自己累死，我也不是做慈善的，我花钱雇人工作，无非是想让自己身上的担子减轻些。可如果我不亲力亲为，下面的经理人就会偷懒，经理人偷懒，员工们就会更加懈怠。请问针对这一点，您能给我一些建议吗？"

"当然可以，我的朋友。"法约尔导师笑着说，"事实上，我正想教给大家一些实操方法，来具体应对公司的管理问题。"

看着大家纷纷拿起笔记，法约尔导师慢条斯理道："这里，我就送各位一个'六字管理箴言'——'定''核''分''果''纠''升'（如图1-3所示）。我们先看'定'，这个'定'是'确定'的意思。也就是说，管理人需要确定下属的具体工作，用专业术语讲，'定'就是'决策'的意思。我认识很多管理人，他们都喜欢给员工自由，让他们自己发挥。这就会出现两种情况，第一种，你的下属能力很强，也很忠诚，他们能把工作做成你想要的样子；第二种，你的下属能力平平，他们能很好地完成你交代的任务，却没有自主发挥的能力，这就会造成工作结果的不确定性，也会拖累他们的执行力与机动性。所以，管理人一定确定好决策，然后指定相关要求，让下属明白自己现在该做什么。"

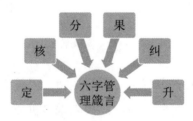

图1-3　六字管理箴言

杜伟男跟旁边学生要了纸笔，正在拼命记着笔记。法约尔导师等大家记得差不多了，然后缓缓开口道："这第二个字'核'，就是让管理人核算出工作量所需的时间与人手。专业点来说，'核'就是'计划'的意思。管理人要尽可能仔细地核算出整体的工作量有多大，然后合理地将工作量安排给每个员工。在制订计划时，管理人不要想着锻炼下属的能力、培养下属的短板，而要本着'发挥个人专长，善用个人能力'的原则，让每个人都能游刃有余地完成工作。"

"'分'的意思，就是把刚才核算出的计划，按照行之有效的方法分配给下属。这里要注意，在分配时管理者要做到'责任落实到个人'。也就是说，在分配工作时，每个人都要明确自己的具体任务，也要为自己的任务部分负责。这就避免了成果在出现问题时，各部门各小组互相推诿责任。"法约尔导师正色道。

"至于'果'，就是'结果'的意思，"法约尔导师给自己倒了一杯咖啡，"管理人需要按照年、季、月、周、日的顺序，定期上交这一阶段的工作完成情况；'纠'的意思，是纠正、纠偏，就是让管理人及时查省，及时纠错；而'升'是'提升'的意思，一方面，员工可以按照以上 5 个字获得提升；另一方面，公司的效益效能也会提升。"

杜伟男一边擦了擦汗，一边将上述笔记全部记好。

看着大家渐渐落了笔，法约尔导师啜了一口咖啡，然后笑眯眯地抛出一个问题。

"各位，你们觉得总经理应该像皇帝一样，高高在上地坐在办公室里？还是要下到基层，让员工们都看到自己呢？"

第二节　办公桌前的总经理

法约尔导师的问题一抛出，学生们立刻分成了两派：一派是建议总经理高高在上的；另一派则是建议总经理下基层的。

杜伟男想了想，自己公司的总经理好像一直都是坐在办公桌前的。而且，自己也从没听过他"下基层"的事情。于是，他也站到了"总经理高高在上"一派。

等大家讨论得差不多了，法约尔导师笑眯眯地说道："各位众说纷纭，干脆，我们两边各派一名代表，来讲讲管理的理由吧？"

"总经理高高在上"派首先发言，一名剃了平头的大学男生站起来，振振有词道："身为总经理，当然要跟普通员工分开，如果不保持神秘，不高高在上，整天跟员工们嘻嘻哈哈的，谁还会听你的话啊？"杜伟男听得频频点头。

话音刚落，"总经理要下基层"派就不乐意了，一位戴眼镜的女生说道："未必吧，总经理被架在天上，看到的都是手下想让你看到的。不下基层，怎么做员工的表率？不下基层，怎么跟员工沟通？不下基层，怎么看清公司现状？皇帝还得微服私访呢，何况是总经理！"

女生的话立刻引起一阵掌声，法约尔导师也笑了："这位女同学真厉害，以后肯定是位很好的管理者。"

杜伟男仔细观察了一下这位女生，心里暗想："这么厉害的女生，以后一定是个很好的女高管。等下课了要联系联系她，争取把她挖到我们公司来。"

法约尔导师等大家讨论得差不多了，这才悠悠地说道："在企业里，我们虽然常提到领导二字，但领导只能代表管理，却并不意味着高高在上。如果一个领导者总是自视过高，习惯俯视员工，那员工就会产生压迫感，从而把更多的心思放在'揣摩圣意'上，而不是放在好好工作上。"

杜伟男一琢磨，确实是这个理儿。试想，如果管理者总是一副趾高气扬的样子，对员工的工作成果也不鼓励，反而抱着嗤之以鼻的态度，那员工就会对工作丧失热情，甚至会因此造成人才流失，毕竟人才比普通员工更注重精神层面的鼓励。

法约尔导师一摊手："可是，事实上，绝大部分管理者都喜欢给人一种神秘感，在讲话和培训时，也都倾向于'高高在上'，仿佛这样才能显示出自己的权威感。更让我觉得有趣的是，有些员工昨天还只是一名小职员，但今早被领导提干后，态度和口气就立马来了个大转弯，仿佛自己在提干的一瞬间就脱胎换骨了一般。"

刚才那位很厉害的女生说道："所以，这就证明了某些领导那种居高临下的姿态，并不是因为他们能力够强，也不是因为他们水平的提升，而是来自地位的变化。昨天，两名同级别员工还一起乖乖站墙角受训，今天，其中一名员工被提干，转脸就去'训导'另一位昨天还一同受训的同伴。这种现象真让人哭笑不得。"

"是啊，是啊。"法约尔导师感慨道，"其实，习惯俯视管理的领导者们，还是很有必要尝试一下平视管理甚至是仰视管理的，这样反而能收到奇效。就像刚才我们说到的员工提干，试想，你用优越感管理昔日的同伴，他们心里能平衡吗？你的话他们又能听进去多少呢？（如图1-4所示）"

法约尔导师继续说道："你们想一下，如果领导只是公司的'传说'，那他们对员工还有威慑力吗？其实并没有。相比这些高管，员工可能更害怕基层的小官，因为他们才是主宰自己职业命运的人。这样一来，高管的决策就无法保证准确地下发给基层员工，他们也不知道基层有没有如实贯彻公司的方针，这种坐在办公桌前的总经理，也只能是派头有余，影响力不足了。"

"那您的意思是，我们应该把员工'供'起来？"杜伟男皱着眉头问道。

图1-4 习惯"俯视"的总经理

法约尔导师摇了摇头："我们还是要视情况而定，比如刚才说的员工提干，如果你立刻翻脸，员工只会对你诸多非议；如果你使用仰视管理，员工又会觉得你提干实属侥幸，也不会真正服你。你可以在平面管理的基础上，强化自己的权威，具体操作还是要看你自己。再比如一些'空降'的高管，他们原本就有高学历和丰富的经验。这时，如果他们采用平视管理甚至是仰视管理，员工就会受宠若惊，会觉得自己被领导者重视，以后也就会更加卖力地为企业做贡献，以回馈领导者的赏识。"

杜伟男心悦诚服地表示同意，想了想，自己公司的管理者大部分都习惯了在办公室里安然就座，每当有员工前来汇报时，高管们也大多是一副头也不抬的样子。

"法约尔导师，我觉得平视员工就很不错了，仰视员工没必要吧，他们打工拿钱，就要服从我们指挥啊。"一个身着高级西装的男士说道。

法约尔导师打量了一下这位男士，说道："看得出来，你是一个比较骄傲的人。当然，'骄傲'并不是贬义词。只是，具备骄傲本性的高管，更容易看轻自己的下属，更容易在员工身上挑毛病。"

"不是我喜欢挑毛病，而是他们确实能力不如我。"男士自信十足地说道。

法约尔导师笑眯眯地问道："哦？是吗？请问你是从事什么工作的呢？"

"我是互联网公司高管。"男士一边说，一边骄傲地整理了一下领带。

"互联网我不太懂，那请问，你会敲代码吗？"法约尔导师问道。

男士一愣，说道："我是 MBA 硕士，学的管理，虽然我在互联网公司，但我没必要懂互联网知识吧。"

法约尔导师摇摇头，严肃地更正道："你看，虽然你学历、管理能力都比普通员工强，但是普通员工都懂些的代码，你却连一知半解都做不到，你觉得员工们会真心服你吗？还有，优秀的领导者要学会下基层，至少要懂得平视管理。一个在精神层面有骄傲情绪的领导，会误以为员工工作都只是为了钱，实则不然。至少，对于员工中的人才来说，尊严和环境是比薪资更重要的存在。如果你无法给予人才这些，他们就会跳槽去其他企业。这种人才流失是管理者无法承受的，也是企业无法承受的代价。"

男子有些脸红，却没有继续反驳。杜伟男点了点头，看来自己回公司后，要跟李彬商量一下裁撤某些高管的事宜了。

法约尔导师喝了一口咖啡，说道："亲爱的同学们，我们既然已经明确了领导的正确管理方法，下面一个讨论的课题，就是"一个身体不能有两个脑袋"了。"

第三节　一个身体不能有两个脑袋

听到法约尔导师奇怪的问题，同学们一时间没有反应过来他是什么意思。

法约尔导师笑眯眯地说道："我们每个人都是靠脑袋作决策的，而且，我们每个人身上只有一个脑袋，对不对？"

这不是废话嘛。不少同学暗自腹诽，纷纷无语地看着法约尔导师，可杜伟男却已经知道他想表达什么了。果然，法约尔导师说道："企业就像是我们的身体，我们可以用手做事，用腿奔跑，也可以参考很多信息资料，但最后，作决策的都只有我们的脑袋。换句话说，脑袋于身体，就像管理者于企业，我们可以听取很多意见，但最终拍板作决策的人只能有一个。"

"这，"又是刚才那个穿高级西装的男士，"这有点武断了吧，一个人管事儿？那他又要层层开会，又要到各个场合讲话，又要去各个厂区检查？不说别人，我一年开的会，大大小小就有上百次，多的时候，我一天就要开四五个会，有时候还要跨北京—深圳开视频会议。噢，对了，还有检查。我不光要检查别人，也要迎接上级检查。一批又一批，我根本就应接不暇、疲于应对。如果像您说的，那这些'一把手'干脆不要吃饭睡觉了。"

法约尔导师看着男士，和颜悦色地说道："这位朋友，我刚才并没有说，所谓的'一把手'要大包大揽。我是说，作决策的人只能有一个，要知道，作决策和大包大揽是两回事。"

男士说道："可是，您想一想，有些会议和演讲都必须要'一把手'出面不可，如果'一把手'不去，就显得企业不重视这个会议和演讲，也无法体现出这些会议、活动的规模和意义，不是吗？"

"当然，你说的对，但是你还是没有理解我的意思。"法约尔导师说道，"像你刚才说的这些，其实领导者都可以做，对吗？就拿你们国家封建王朝的政府管理举例，在户籍管理方面，户部尚书就是最大的领导；在人事选拔方面，吏部尚书就是最大的领导；如果有祭祀等重大礼仪活动，那主持事宜的肯定是礼部尚书。因此，礼部尚书、吏部尚书、户部尚书、兵部尚书这些'高管'都是不可缺少的，可最后作决定的是谁呢？是皇帝。皇帝可以把自己权力的一部分下放给这些管理者，让他们去开会、演讲、主持活动，但最终作决策的，只能是皇帝自己。你可以回想一下，有哪个政府机构运行顺畅的封建王朝，是有两个皇帝的？"

男士恍然大悟，心悦诚服地闭上了嘴。

法约尔导师继续说道："但是刚才这位朋友说的不错，其实，'一把手'跟正常人一样，他也是需要吃饭睡觉的。什么都交给他做，他哪有那么多时间呢？所以，作决策的人一定要学会划分责任，也要学会适当放权。想想三国时期的蜀国丞相诸葛亮，不就是因为凡事亲力亲为，不肯放权给姜维，才导致蜀国后期无治国大才吗？如果他能适当放权给下面的人历练，想必历史就有可能改写了。"

"嚯，这个老外还知道中国历史呢！"杜伟男想道。不过，为了减少不必要的时间浪费，为了减轻自己的负担，也为了企业的长足发展，"一把手"确实需要选出几个能让自己放心的"二把手"，再由"二把手"选出下面几个辅助的"多把手"，层层落实命令，层层肩负责任。这对于下属来说是一种锻炼，对于领导来说也是一种减负。

"可是，决策这种事情，不应该商量着来吗？"一个女生怯怯地举手问道。

法约尔导师说道："作决策前当然要商议讨论，尤其是作重大决策，更是要举行几次会议慎重讨论。但是，只能由最高掌权者作出最后的决策。我们都知道，现在企业管理都讲求责任落实到人。比如在操作机器时，因员工操作不当而造成损失，这个责任需要由员工及员工的上一级领导来承担。而决策者是为公司承担责任的，如果这个决策经过讨论并实施后，被证实是个错误的决策，那责任是要由决策者来承担的，跟之前提建议的人和手下人都没有关系。"

女生依旧有些迷惑："可是，法约尔导师，如果有两个最高决策者，那么作决策时也会更公平一些吧？就算决策失误，也可以每人负一半的责任，这样不是更好吗？"

"太天真了。"杜伟男听着女生的话，摇了摇头。

看见杜伟男的样子，法约尔导师笑眯眯地说道："这位朋友好像有不同看法，不妨站起来谈一谈？"

杜伟男犹豫了一下，还是站起来说道："如果一个公司出现两个最高决策者，那么对于基层来说，就等于出现了两个组织。通俗点说，这两位手里的权力都是一样的，两个都是'佛'，少拜了哪位都不行。这时候，员工们想的第一件事就不是怎么把工作做好，而是怎么站队对自己才是最有利的。（如图1-5所示）如果你站错队，那么毁的就是你的前途；如果不站队，那你就是风箱里的老鼠——两头受气。而且，当公司讨论出决策时，两位的意见统一倒还好说，如果不统一，公司就要浪费大量的时间在开会辩论上。要知道，世界上最难的事之一，就是把自己的想法放在别人脑子里。更何况，这两位不但要有理有据地说服对方，还要考虑自己在员工中的威信与面子。这时候，有些领导明知道自己的决策不对，但还是会咬死了不改口，与另一位领导针锋相对。毕竟有时候，面子是凌驾于正确决策之上的。"

图 1-5　不能有两个"一把手"

"说得好。"法约尔导师笑着鼓起掌来，在座的其他人也纷纷鼓起了掌。那位提问的女生佩服地看了一眼杜伟男。杜伟男对她点头示意了一下，然后重新坐到了座位上。

法约尔导师问杜伟男道："你既然是开公司的，在管理方面也有一些独到的见解，那么，我想问你一个问题。"

"您请问吧。"杜伟男往前倾了倾身子。

"如果你的员工不遵守公司的规章制度，你会怎么办？"法约尔导师笑眯眯地说道。

第四节　员工不守纪律怎么办

　　杜伟男无论如何，也没想到法约尔导师会提出这样一个问题，但他还是如实说道："如果员工不遵守公司的规章制度，那就要按照相应的激励制度，对其进行处罚。"

　　"不错，可是，如果你们单位的员工明知公司的规定，却不遵守呢？或者说，大家都不遵守企业规章制度呢？毕竟法不责众。"法约尔导师继续问道。

　　"那就证明企业的管理不到位。管理者本人无视规定，导致上行下效；员工有错不罚，有功不奖，导致规章制度形同虚设。所以，如何正确贯彻和落实企业的规章制度很重要。"杜伟男说道。

　　"说得真不错。"法约尔导师笑眯眯地夸奖道，"不错，就像这位朋友说的，企业虽然会设置很多的规章制度，但其中的大部分都落实不到位。长此以往，企业管理就会陷入一种可怕的恶性循环中。（如图1-6所示）"

　　"有这么严重吗？法外还有人情呢。"一个男生小声嘀咕道。

　　"当然有这么严重！"法约尔导师突然提高声音，让小声嘀咕的男生吓了一跳。

　　"你想想，很多企业都是这样的。"法约尔导师解释道，"员工不遵守规章制度的问题出现后，企业又马上制定新的相关制度，好像只要出台了制度，就能解决问题一样。如此一来，结果只能是规矩越来越多，而员工们对规矩的漠视程度却越来越严重！"

　　杜伟男点点头，确实，如果规矩立出来却没人遵守，那倒不如不立规矩。

图 1-6　不严格管理员工的结果

正想着，一位三十岁左右的女士举起手来。

"您有什么疑问吗？"法约尔导师示意她站起来，然后温和地说道。

"对您的话，我表示非常赞同，只是，我有一个问题想请教您。"女士忧愁地说道，"是这样，我们团队里有一个骨干成员，他能力非常强，我非常需要这样的人，而且我找了很久，都没找到能接替他工作的人。可他总是仗着自己有能力，无视公司的规章制度，开会迟到、在办公室接打私人电话、上班期间做自己的私事。我说过他不少次，一开始他还有些收敛，时间一长，就又跟以前一样了。因为我要用着他，所以我多少会纵容他些，但有了他不遵守团队规则的先例，再用规则去要求其他人，其他人也就有了怨言。您说，我该怎么做？"

法约尔导师点点头道："是啊，这样的员工最难处理。因为他有功，所以你在处理他的时候有所顾忌，怕伤了人才的感情。但是，你如果不处理他，反而会助长他对规则的漠视，也会影响整个团队的凝聚力与向心力。"

女士皱着眉头叹了口气："确实，您说，我应该怎么做呢？"

法约尔导师笑眯眯地说道："我建议你将他触犯的规则分为两部分。第一部分是非原则性问题，比如他上班期间吃东西，根据规章制度需要罚款 50 元，你可以酌情免除，就像刚才那位男生说的'法外还有人情'；第二部分是原则性问题，比如使用公司的资源处理自己的私人问题甚至是接私活，这就对团队的影响非常不好了。这时候，你就不能去纵容他，而是要提出一些实质性的惩罚措施，这样才能服众。在处罚前后，你需要耐心跟他沟通，让他明白这样做的利害关系，跟他之间形成默契，这样才能真正处理好这件事情。"

女士想了想，心悦诚服地点了点头："是的，您说得对，我会试试看的。"

法约尔导师继续说道："其实，关于落实企业制度这件事，关键还是要看管理者。如果管理者本人不受制度约束，下面的人就会产生怨言；如果有些'关系户'犯了错却不受惩罚，正常渠道进来的员工就会受到伤害；如果有些人靠拍马屁获得奖励，而真正有功的人却得不到应有的待遇，那员工就不愿意好好工作，公司的整体风气也会受到影响。"

"您说得对。"一位身着黑色衬衣的男士说道，"一旦制度确立，就要保证它能执行到底，可以讨论修改，却不能违背。只有将规则推行推广，才方便日后的统一管理。"

"对啊。"有几个大学学生也附和道，"规则是公司订的，大家都需要遵守。"

法约尔导师笑眯眯地说道："是的，我相信你们在步入工作岗位后，都能成为优秀的管理人员。只有管理者能做到约束自己，员工们才会心生敬服，才会对公司规章制度产生敬畏心理，管理者才能更好地实施管理工作。"

听着法约尔导师的话，杜伟男想到了一件发生在自己公司的事情。

那一天，自己在一楼贵宾厅开完会，突然有点想上厕所。来到电梯前，他发现电梯还停在 16 层。于是，他便转身去了一楼的公共厕所。

正在隔间方便时，他听到外面有两个员工一边抽烟，一边吐槽着什么。

员工甲有些担心地说道："今天早上我迟到了两分钟，我看员工守则上写的迟到 10 分钟内要扣 50 元，迟到 10 分钟以上按旷工半日扣除工资，真倒霉。"

员工乙有些不屑地说道："嗨，你怕什么，咱们公司的考勤就是走个形式，你来得早点、晚点都没事，没人真的管你。"

员工甲一听顿时放心了："啊，吓了我一跳，我这才刚来几天，对公司不熟悉，还得靠您多带带我了！"

杜伟男本来想出去斥责一下这两个员工，奈何当时并不方便，等出来后，两个员工早就没影了。由于没看见说话的人长什么样子，这件事也就不了了之了。可如今想一想，这两个员工固然不对，但这也直接证明了，自己的公司也出现了规章制度落实不到位的情况！

想到法约尔导师刚才说的话，杜伟男不禁出了一层冷汗，心想："回去一定要跟李总谈一谈这个问题，还要专门召集单位的高管开几次会议，争取在公司里搞一次大改革！"

　　正想着，法约尔导师整理了一下领带："亲爱的同学们，朋友们，快乐的时光总是格外短暂，今天的课程就到这里了。下周同一时间，会有一个更让大家惊喜的导师，为大家继续讲解管理学，大家敬请期待吧，再会！"

　　会场里顿时响起了热烈的掌声，大家纷纷起身，送别这位伟大的管理学家。

第二章
弗雷德里克·温斯洛·泰勒
导师主讲"科学管理"

　　本章通过四个小节的讲解，把弗雷德里克·温斯洛·泰勒的关于科学管理理论的核心内容解读完全。弗雷德里克·温斯洛·泰勒被称作"科学管理之父"，著有《科学管理原理》。作者在解读泰勒思想的同时，加入了风趣幽默的例子，让读者能在不知不觉间提升自身的科学管理能力。

弗雷德里克·温斯洛·泰勒

　　（Frederick Winslow Taylor，1856—1915），美国著名管理学家。在 19 世纪末期，美国工业出现了前所未有的进步，资本也累积到了一定程度，却缺乏一个科学的管理机制，导致工业资源严重阻碍了生产效率的提高。当时，泰勒是一名年轻的管理人员，也是美国工程师协会的成员。作为一名工程师，他非常了解解决这些问题的方法，并在此基础上提出了科学管理的理论和方法。泰勒提出的科学管理具有划时代意义，他也因此成为当之无愧的"科学管理之父"。

第一节　铁锹与铁块的奇迹

从法约尔导师的课上回来，杜伟男立刻在银河公司展开了一场"整风运动"。看着杜伟男收获颇多的样子，李彬暗自后悔上次因外出谈业务而错过了管理课程。

"哎，你也别后悔，今天晚上，我带你一起去听课。"杜伟男看着李彬幽怨的眼神说道，"先跟你打个招呼，待会儿看到管理学导师，你可别吓得叫出声来。"

"小看我了吧，怎么说我也是见过世面的，哪能叫出声呢。"李彬吐槽道。

正说着，车开到了 R 大停车区，二人步行到礼堂后，会场已经没剩下几个位置了。

"嗨，我上次来还没这么多人的。"杜伟男感慨道，"估计都是听说了这里的事，咱俩还是赶紧找个离讲台近的地方坐下吧。"

两人刚刚坐定，一个穿着西装的中年人就匆匆走上了讲台。只见他一副西方人面孔，神色严肃，但抿起的嘴角却带着一丝若有若无的笑意。

"晚上好，各位，我是弗雷德里克·温斯洛·泰勒。"泰勒导师愉快地说道。

"噢！我的天呐！"李彬不由得喊出了声，随即又赶紧压低了声音，"竟然是本人！可，可是……"

"哪有那么多可是啊。"杜伟男笑了，"你刚才不还说，自己不会被吓得叫出声吗？"

"是啊，可是这太惊人了。"李彬低声感慨道。

等台下平静些后，泰勒导师笑眯眯地开口道："学管理的同学们，应该没人不知道我吧？"

"当然。"下面的学生们纷纷赞同，"您可是'科学管理之父'啊！"

泰勒导师导师谦虚地摆摆手，说："不敢当不敢当，不过，我在科学管理方面，确实有一些心得，比如我发现了如何通过管理来科学地提高工人们的效率。"

泰勒导师诙谐地眨了眨眼，大家都露出了心照不宣的笑容。

"您说的是铁块试验吧？"一位女学生说道。

"不错。"泰勒导师愉快地说道，"当时，我在伯利恒钢铁厂开始我的试验，并雇了一些工人，这些工人的工作就是搬运铁块。他们每天能搬 12 ～ 13 吨铁块，而我，则支付给他们 1.15 美元作为酬劳。在实验中，我的激励管理很简单，就是找工人谈谈话，时不时提拔一些效率较高的工人，如果有不服从管理或效率较差的工人，就直接给予开除处理。后来，我提拔了一个很喜欢钱的人，他叫施密特，我答应给他每天 1.85 美元的报酬，但他要为此搬运更多的铁块。（如图 2-1 所示）"

图 2-1　计件工资的好处

"他同意了，对吗？但他如何搬运更多的铁块呢？"一位新生模样的学生好奇地问道。显然，他还没有接触过泰勒导师的铁块试验。

　　只见泰勒导师点点头，温和地说道："是的，他当然同意了。我提高了他的工资，同时帮他制定了一系列操作方法。当时，我观察了这些工人的行走速度和搬运方法，并注意改善了他们的劳作时间。我发现，如果将上述内容整合出来，工人每天能搬运47吨铁块，而且他们并不会觉得特别疲惫。尤其是施密特，他使用新方法，第一天就搬运了47.5吨的铁块，我支付给他3.85美元。有施密特当榜样，工人们的劳动生产率有了普遍的提升。"

　　学生点点头，说："是啊，确实，方法和薪资双管齐下，这样才能实现科学管理。"

　　"不只是这样哦。"泰勒导师笑眯眯地说道，"要真正实现科学管理，你第一件要做的事情，就是要精心选拔你的工人。比如在选择一线员工时，你可以适当放宽要求，多吸纳工人进入，再进行后期培训；在选择管理层或特殊岗位工人时，则需要再三考核他们的学历、经验和性格等是否合适。"

　　"那第二件事呢？"李彬问道。

　　"这第二件事嘛，就要像我一样，对这些工人进行培训和帮助，让他们能获得足够的技能。"泰勒导师骄傲地说道，"科学的工作方法和作息时间，能帮助工人们提升工作效率，也能让他们学会接受新方法。按照科学的管理方法进行管理，管理者省时省力，工人们也同样能节省体力。"

　　同学们一边点头，一边记着笔记。泰勒导师说道："大家都知道，我之前是一名工程师，所以，我有大把的时间跟工人们在一起。除了铁块试验外，我还有一个铁锹试验。当时，我在钢铁厂上班，厂子里的600多名工人都是使用铁锹去铲煤的。看着大家吃力的样子，我突然冒出一个想法……"

　　泰勒导师喝了口水，继续说道："如果我把铁锹的重量改变一下，他们的效率会不会提升呢？经过试验，我发现当一把铁锹的重量是 38 磅时，他们每天能铲 25 吨煤；当一把铁锹的重量是 34 磅时，他们每天能铲 30 吨煤。但是，当一把铁锹的重量下降到 21 ～ 22 磅时，他们的工作效率反而会下降。最后，我得出了'煤较重时应使用轻锹，煤较轻时应使用重锹'的结论。这样一来，我每年能节省 8 万美金的费用，工人们也更加轻松些。"

杜伟男点点头，确实，科学管理的首要任务，就是要找到一个科学的方法。这样才能用最少的资本，换取最大的效益。

"对了，同学们，我刚才提到的铁块试验中，给工人支付薪酬的方法是计件工资。你们觉得，使用计件工资进行管理怎么样？"泰勒导师问道。

第二节　我们不要计件工资

"不错啊，我觉得计件工资是最好的方式了，你干得多就多拿点儿，你干得少就少拿呗。"一个男生说道。

"这不对吧？"李彬眉头一皱，说道，"计件工资怎么能说是最好的方式呢？这不太合理。"

男生回头看了李彬一眼，问："有什么不合理的，难不成，我干得多反而少给我钱？"

李彬说道："别的不说，你怎么保证工人的做工质量呢？工人做 10 件精工，能一次性通过，我给他们支付 10 元；有人做 100 件都是糙工，根本用不了，但是我却给他 100 元，你觉得合理吗？"

"这……你这个……"这下对方语塞了，他只好狡辩道，"你这根本就是抬杠。"

"他不是抬杠，"杜伟男眼皮子都没抬，道，"他说的只是一个正常的管理现象，是你自己想的不周全。"

"好了好了，我的朋友们，我的学生们。"泰勒导师笑眯眯地指着李彬和杜伟男道，"就像这两位朋友说的，计件工资确实会引起很多问题。既然我们已经提到了质量问题，我就给各位讲一个真实的故事。"

泰勒导师喝了口水，继续说道："我有一个中国朋友，他是一家大型瓷砖生产厂的。生产瓷砖的一线工人都是按照计件工资结算报酬的，其中有几个人手脚很快，每天能比别的工人多生产一倍的瓷砖。于是，他们比其他工人拿的工资要多，还被厂里评为了先进劳模。可是，随着厂里'劳模'的增加，瓷砖厂的效益却越来越差，因为最近几批瓷砖的内部都有裂纹。随着不良品的增多，他们厂也屡屡接到客户的投诉。"

"啊？那后来呢？"一个女生焦急地说道。

"后来，我这个朋友才发现是计件工资制度出了问题。在生产时，工人们为了多拿钱，只能通过降低产品质量来提高数量。瓷砖生产完毕就结算工资，后期出现不良品也没有相应的惩罚措施。如此一来，这些残次品自然就增加了。"泰勒导师无奈地摊手说道。（如图 2-2 所示）

"啊，这真是得不偿失，本来是想提高效益的，结果还要返工，白白增加成本，还搞臭了名声。"同学们也觉得计件工资确实不像想象中那样合理了。

"还不止这些呢。"泰勒导师说道，"你们想想，如果实施计件工资，工人们会怎么想？"

图2-2　计件工资要不得

"拼命干呗。"一个扎马尾辫的女生说道。

泰勒导师点头肯定道："不错，工人会想，'我们得多干才能拿高工资，这点儿活根本不够我干的'。于是，他们就会扎根在单一操作里，想通过多做几个'件儿'来多拿工资。我们都知道，提升员工综合能力，对员工和公司的发展才是好事。而提升员工综合能力就意味着要让他们学习，要让他们参加培训，这一过程是不给钱却对员工有好处的。但员工却因为这会影响正常收入而抵触学习，在自己的'计件'思维引导下，走向能力提升的死胡同。（如图2-3所示）"

"是啊。"杜伟男想道，"这个计件工资，原本就是按生产数量结算工资的，它肯定会不可避免地忽略质量问题，最后造成生产成本白白增加。"

李彬小声对杜伟男问道："咱们公司是不是也有计件工资措施？"

图2-3　计件工资的不合理之处

杜伟男点点头，说："有，后厨和前台的一部分岗位，本质都是按照计件工资发放薪水的。"

李彬无奈地叹了口气，说："得想个解决措施。"

"有啊，当然有解决措施。"泰勒导师显然听到了二人的谈话，笑眯眯地说道。

嗬，这个导师耳朵真好使！

李彬赶紧说道："那您快说说吧，我们应该如何解决这个问题呢？"

泰勒导师温和地说道："使用我发明的差别计件工资制就可以了。"

差别计件工资制？李彬想了想，上学的时候似乎学过这个，但脑子里却一点印象都没有了。杜伟男也是一头雾水的样子，好像自己是第一次听到这个名词似的。

"嗨，就是对那些效率高的工人采用一种工资率计算工资，再对那些效率低的工人采用另一种工资率计算工资。这种方法，就是差别计件工资制啊。"泰勒导师看着李彬和杜伟男，有点恨铁不成钢地说道。

"对呀。"李彬一拍脑门，说道，"通过考核，那些用时短且生产质量高的员工，可以使用一套工资计算法；那些效率不行的人，可以使用另一套工资计算法。这样不仅能在员工中形成竞争氛围，还能实现'对外高工资'和'对内低成本'，在充分发挥个人积极性的基础上，提高整体的劳动生产效率，真是一举多得。"

泰勒导师谦虚地笑了，说："而且，差别计件工资制还能让工人们觉得公平。效率低的工人，会因为差别计件工资制提升自己，争取拿到更高的薪酬；效率高的工人，因为自己的待遇比其他人更好，也会更心甘情愿地为企业贡献。"

"您说得对。但是，泰勒导师，这样不会让某些效率低却自视高的工人眼红吗？这种差别计件工资制，会不会造成员工的流失呢？"一位学生模样的人说道。

"就算造成员工流失，那流失掉的也是所有低效率的人。你想想，你把这些人清出去，就可以吸收更适合这个岗位的人来工作。这样不是提高工作效率的更好方式吗？"泰勒导师解释道，"而且，我通过实验发现，差别计件工资制对工人士气的影响是非常明显的。就像刚才我说的那样，当建立起科学的管理机制——即差别计件工资制后，工人们就会更加诚实、坦率地工作，这也能有效改善工人与雇主间的雇佣关系。"

杜伟男把手举起来，问道："泰勒导师，实施差别计件工资制需要什么先决条件吗？"

"当然，要想实施差别计件工资制，就要有科学的定额，对时间和工作量进行合理研究，同时还要设置相关的管理部门，保证生产能够正常、规范地进行。"泰勒导师说道。

"您能给出具体的操作流程吗？"杜伟男问道，"我想，具体的数据能让我们更好地理解差别计件工资制的意义。"

"当然，我的朋友。"泰勒导师笑眯眯地说道，"比如玩具厂工人每天的生产量可以达到110件，那么，就以100件为标准，每件工资为0.5元。我们可以按照完成工资率按120%计算，而未完成的部分按照80%计算。也就是说，当工人完成100件时，日工资为100×0.5×1.2=60元；如果工人只完成了90件，那么，他们的日工资则为90×0.5×0.8=36元。"

"哦，我懂了。"杜伟男说道，"如此一来，工人们就会为了薪酬，努力达到100件的标准，这样还能促进他们的出勤率，真不错。"

"是啊，可是，说到这个出勤率……"泰勒导师卖了个关子，看礼堂同学们的兴趣都被提上来了，方才悠悠开口道，"这个出勤率可不是保证效率的必要条件，有些员工月月满勤，但效率却很低，你们知道为什么吗——"

第三节　科学管理就是拒绝"磨洋工"

"什么？'磨洋工'？"听众们听完，脸上立刻露出了恍然大悟的神色。

"不错，"泰勒导师肯定道，"正是'磨洋工'。我在1903年6月时，曾于美国机械工程学会宣读了《车间管理》一文。如今过去了100多年，但里面的内容仍然令人感慨。比如每个企业都存在的问题——效率不高、人浮于事。"

就在"磨洋工"三个字一出来时，李彬跟杜伟男就明白了泰勒导师的意思。没错，出勤率根本不能代表员工效率。

就像银河公司的某些员工，他们对人热情，温文儒雅，且兢兢业业，能把与同事和上下级之间的关系处理得非常好。而且，这些员工非常守规矩，基本每个月都是满勤状态。在企业宣传文化与标语时，他们对企业的认同度非常高，工作态度也非常不错。

但是，他们有一个致命弱点——个人能力很差，业绩一直处于低迷状态。

这种人是最让管理者头痛的：开除他们，似乎有些下不去手，毕竟他们很老实，而且没有功劳也有苦劳。而且，他们不会犯原则性错误，人缘也普遍很好。如果管理者处理不好他们的问题，就会导致员工中形成"这个管理者真没人情味"的氛围，还会激起其他员工对这类员工的同情。

再者，喜欢"磨洋工"的员工，其行为感染力是很强的，尤其是在一些不需要做出太大业绩的领域——如文员、档案室员工等——如果一个办公室里有 1～2 个这样的员工，很快整个办公室的人都会被"传染"成"磨洋工"的员工（如图 2-4 所示）。

泰勒导师说道："造成'磨洋工'的原因很简单。大部分人的天性都是喜欢轻松随便的，这一部分的员工可以称作'天性磨洋工'；还有一部分员工是'刻意磨洋工'，造成'刻意磨洋工'的原因就比较复杂了。"

泰勒导师喝了口水，继续说道："比如有些人在努力工作时，看到其他人正在听歌、上网、玩手机，他们就会觉得心里不平衡，就想放下工作一起玩。再比如有些人本来勤恳努力，但是管理者视而不见，久而久之，他们会想，'反正我好好工作也拿五千，不好好工作也拿五千，那我为什么要把自己搞得这么累？'总之，'刻意磨洋工'的原因复杂多样，要想根治，就一定要经过仔细观察。"

图 2-4 "磨洋工"会传染

"如果给他们计件工资，他们就不会出现这样的问题了。"刚才跟李彬"对着干"的男生说道，然后白了李彬一眼。

李彬讶异于这个男生狭小的气量，反而多打量了他两眼，说道："使用计件工资也是要分情况的，而且这样一来，产品的质量问题又没办法保证了。何况，我刚才并不是说计件工资一无是处，只是说它并不完善。"

"是啊，是啊。"泰勒导师赶紧打着圆场，说，"像文秘这种工作，也不好实施计件工资制嘛。何况，即便使用计件工资制，也难保证员工不会有这样的想法——'我少干点怎么了？反正我是按数量拿钱的，公司怎么也不吃亏'。"

男生不说话了。

泰勒导师温和地说道："如果是我的话，我会从精神层面、制度层面和绩效考核层面来杜绝员工的'磨洋工'行为。比如在思想方面，我们要确保员工们都认同企业文化，并且都能明确企业的下一步动向。我认识的很多老总，都是将企业目标告诉给几个高管，由高管去具体实施各项计划。而他们的员工只是浑浑噩噩地听从安排，有时候连自己在做什么都不清楚，这样又怎么能把工作做好呢？"

"所以海底捞才发展得这么快、这么好。"杜伟男说道。

泰勒导师点点头表示肯定，说道："是的，因为海底捞的员工都有一个信念——'来吧，用双手改变自己的命运'。在工作中，他们真的坚信能通过努力改变命运，而且企业也确实给了大部分员工升职加薪的机会。这么多分店的员工，这么冗杂的机构，竟然能做到上下一心，这是非常难得的。"

"我也觉得，在传达企业愿景时，光贴几个海报或者开几次大会是不够的。"另一位高管模样的女士说道，"我觉得，管理者务必时刻将企业愿景和企业动向挂在嘴边，开会必讲，逢人就说。现在，我们公司的员工都会在背后模仿我传播公司思想的样子。我觉得这才算够了，因为我已经把公司理念连同我的样子，刻印在员工们的脑子里了！"

女高管的话一说完，泰勒导师率先鼓起掌来，称赞道："太棒了，您给了我很大的启发。"

掌声停下后，泰勒导师才在同学们的目光中继续道："然后是制度层面。我们一定要在有制度的前提下进行公司管理，这是毋庸置疑的。首先，公司要明确每个人的岗位职责，没错，是每个人的。公司管理者需要将每一名员工的岗位职责清晰化，而不是有职责重复、模棱两可的存在。其次，企业要明确赏罚制度，同时要做到功必赏、过必罚。最后，制度要明确传达到每个员工处，不是简单地发放一本员工手册，而是要张贴到各办公室，管理者也要按时进行核对。"

"再有就是绩效层面。"泰勒导师说道，"为了实现企业目标，管理者需要制定有效的绩效考核评价体系，提升员工效率，帮助员工制定自己的个人目标。"

"是啊，员工的个人目标很重要，这个目标一定要在大方向上与企业目标契合。"李彬说道，"所以，时不时给员工'洗洗脑'是很有必要的。"

"不错，这位朋友说得很对。"泰勒导师一拍手，说道，"身为管理者，我们有必要给员工们来一场心理革命，这就是我接下来要讲的内容。"

第四节　来一场"心理革命"

"我曾经说过，真正的科学管理，跟那种只追求提升效率的做法是完全不同的。"泰勒导师一脸深沉地说道，"真正的科学管理，是要在雇主和工人间掀起一场'心理革命'的。这场革命的意义，就是让雇主和工人抛开分配关系，以友好互助的方式，代替互相索取的方式，这样才能让生产剩余量猛增，也能让员工拿到更多的薪酬，同时最大化地提升员工的幸福感。"

杜伟男点点头，说道："您说得对，员工对企业的责任心和主动工作意愿，就是企业的保护屏障。如果员工缺乏责任心，就会导致工作效率低下，最后让企业蒙受损失；如果企业不能给员工精神层面的鼓励，那么，员工就会产生'你亏了就是我赚了'的心理，最后损失的不但是企业的效益，还有员工自己的薪酬。"

泰勒导师对杜伟男点点头，说道："不错，所以一场雇主和工人间的'心理革命'就势在必行了。"

"可是，泰勒导师，我们怎么进行'心理革命'呢？要知道，世界上最难的事，就是把自己的想法灌输到别人脑子里啊。"一个女生托腮问道。

泰勒导师温和一笑，说："所以，我们的第一个步骤，就是学会从根源上进行管理——"

说完，他用笔在白板上写了四个字：招聘环节。

"招聘环节，又叫选人环节，"泰勒导师侃侃而谈，"俗话说，'三分培养七分选'。选人的时候严苛点，就能省下很大一部分时间去培训。这样招来的员工也更有责任感和工作能力，能为企业创造更高的绩效。"

"怎么才能判断这个人是否有责任感和工作能力呢？光靠他自己说，恐怕并不靠谱吧？"那个女生继续问道。

"当然。"泰勒导师点点头，说，"但是，我们可以通过一些方式来判断。比如他在遇到困难时，会先主动思考问题，而不是直接问别人。在面试遇到突发情况时，他也会先自省自查自己的能力，而不是张口就埋怨身边人的干扰，等等。"

杜伟男点点头，不错，还有一种人是他在选拔时非常喜欢的，那就是有强烈自尊心的人。这类人会抱着"要么不做，做就要做第一"的态度。对于管理者来说，他们无须多加鞭策，这类人就会自发地创造更高的绩效。

"除了选人环节外，要想让员工从心里认同企业，打从心底里自愿工作，就要保证企业的高管本身是有良好素质的。我们经过多番试验，发现管理者的个人素质和工作能力，会对员工的工作意愿和责任心产生直接影响。如果管理者本身就吊儿郎当、无视制度，那他手下的员工就会更不服管教，一些人才也会因此对企业产生背离之心。"泰勒导师严肃地说道。

同学们都沉默了，是啊，要想管理好别人，首先要管理好自己。

"那我们应该如何做呢？"一个穿着整洁的男生文质彬彬地问道。

泰勒导师对他笑了笑，说："我们要学会利用权力，这并不是让管理者以权谋私，更不是让他们对着员工充'大尾巴狼'，而是要用手中的权力为员工谋取一些福利。你们看，作为管理者，我们手中的权力分两种，一种叫控制性权力，另一种叫影响力。我们先看控制性权力。"

泰勒导师继续说道："控制性权力分为三种，一种是职权职责；一种是正面激励，即我们常说的奖励；一种是负面激励，即惩罚。也就是说，当员工做完工作后，我们会根据员工的做工质量和效率对其进行奖惩的权力。"

"那影响力呢？"男生迫不及待地问道。

"影响力则是更为重要的权力，它具体包括能力和素养。能力指的是管理者要在这一领域的能力领先于员工，这样才会产生一种势能，让员工心甘情愿地跟着你干；素养则是个人魅力，除了能力外，管理者要在待人接物方面做到让员工认同甚至崇拜。管理者只有将自身的控制力和影响力都提升，才能最大化地影响员工的工作热情与工作投入。"泰勒导师认真地说道。

"看来，管理者素质对员工素质的影响真的很大啊。"杜伟男和李彬不约而同地想着。

"还有，科学管理本就是一门管理艺术。它是一个互动的过程，而非一个自上而下的过程。所以，管理者要给予员工充分的参与权，比如在制定决策时，管理者可以在员工中听取意见，或者让他们派个代表参加公司的决策大会。如果少了参与度，员工可能就没那么容易接受公司的决策了。"泰勒导师说道。

这时，一个扎马尾的女生说道："泰勒导师，我觉得，员工的参与度还体现在'授权'方面。我现在在一家大公司实习，虽然我能力很强，也作出了不少贡献，但一些前辈却总以我经验不足为理由，很多事情都不放手让我去做。所以，我对工作的热情越来越低，现在正准备跳槽到其他地方。"

"这真是不幸。"泰勒导师惋惜道，"可以想见，你们公司失去了一个很好的人才。就像你说的，管理者需要给员工放权，这样才能培养、历练他们。"

"是的，泰勒导师，我觉得制度也很重要。"扎马尾的女生认真地说道，"出台制度，大家一同遵守，这才是制度的'正确打开方式'。如果高管们不遵守制度，却一味要求员工遵守，那就会造成员工的责任心和工作热情下降。"

"是的，孩子，你说得没错。而且，公司的制度一定要合理才行。"泰勒导师风趣地说道，"我想到了一个有趣的故事，不少公司都有迟到扣半天工资的规定，哪怕迟到一分钟都不行。那么，绝大部分员工在发现自己无法按时赶到工位时，都会干脆休息半天，反正结果都是一样的。"

同学们都心照不宣地笑了起来，杜伟男也说道："是的，我也听过一个有趣的故事。某酒店有规定，如果客人在房内抽烟且烫坏床单，则一个洞罚 100 元。不幸的是，今天的这位客人在床单上烫了 3 个洞。按规定，酒店需要罚他 300 元，可他却再一次拿起烟头，把 3 个小洞烫成了 1 个大洞，只交了 100 元就潇洒地离开了酒店。"

讲完故事后，大厅里再次爆发出笑声，泰勒导师也跟着抚掌大笑，道："真是聪明啊，酒店值得为这个洞埋单。"

等大家笑得差不多了，泰勒导师温和地说道："朋友们，关于科学管理的内容，到这里就全部结束了，希望大家能从我的课上收获一些管理知识。各位，再会。"

现场再次响起热烈的掌声，送别这位伟大又风趣的泰勒导师。

第三章
彼得·德鲁克导师
主讲"目标管理"

　　本章通过四个小节的内容，讲解了彼得·德鲁克的目标管理理论的要点。彼得·德鲁克是有名的现代管理学家，且提出了具有划时代意义的理念——目标管理。为了帮助读者更好地理解彼得·德鲁克的管理理论的精髓，作者使用了幽默诙谐的语言，讲述了彼得·德鲁克的管理理论精髓，让读者能够在轻松愉快的氛围里学习"目标管理"的知识。相信通过阅读本章，读者能学到关于"目标管理"的精华。

彼得·德鲁克

　　（Peter Drucker，1909—2005），被誉为"现代管理学之父"。德鲁克的著作影响了后代追求创新及最佳管理实践的企业家们，各类商业管理课程也都深受彼得·德鲁克思想的影响。

　　1954 年，德鲁克提出了一个具有划时代意义的概念——目标管理（Management By Objectives，MBO），它是当代管理学的重要组成部分。目标管理的最大优点，就是能让经理人控制自己的成就。经理人是企业中最昂贵的资源，也是最需要推陈出新的资源。此外，在德鲁克看来，管理在不同的组织里会有一些差异，但是管理要解决的问题有 90% 是共通的。

第一节 我们都是管理者

上一堂课，李彬和杜伟男差点沦落到站着听讲。这一次，二人早早就从公司出发，到了 R 大礼堂，发现还是有不少人已经到了。

"不知道今天是哪位管理学家来。"杜伟男打量着周围的人群，随口问李彬道。

"嗯，不知道，但肯定是位大咖。"李彬说道。

正说着，旁边一个男生走到二人身边，彬彬有礼地说道："两位晚上好，看两位的气质，想必都是管理层人士吧，请问二位在哪个公司就职？我是 R 大的大四学生，叫卢伟。"

杜伟男看了他一眼没有说话，倒是李彬接过了话茬："小伙子眼力不错，这是银河公司的杜总。"

男生对杜伟男点了点头："杜总您好，是这样的，我即将步入社会，虽然学的是管理学，但毕竟缺少历练，如果杜总不嫌弃的话，我能否到贵公司实习呢？"

"可以。"杜伟男倒是答应得很痛快，"准备一份简历递到我们公司人事部就行。"

"好的，好的，谢谢您，很高兴见到二位。"男生略鞠了鞠躬就走开了。

看着小男生走了，李彬说道："你倒是答应得挺干脆。"

杜伟男笑了笑："咱们公司哪有那么好进，他要是能凭本事进来，凭本事留下，我倒不介意卖个人情。毕竟是咱们的后辈，说不定是个人才呢。再说了，咱们说白了，不都是管理者嘛。"

"哎，这位小伙子说得好！"一个洪亮的声音从讲台上传来。

只见来人眼窝很深，发量稀少，两条法令纹如同沟壑般将嘴围住——虽然他看上去年纪不小了，但看起来精神矍铄，给人一种年轻的感觉。

"呀，您是彼得·德鲁克导师。"一个女生尖叫起来，"我超崇拜您的！"

"是吗？那真是我的荣幸！"德鲁克导师狡黠地冲女生眨眨眼，露出一个俏皮的笑容。

"您来得真早，"杜伟男说道，"我以为我们已经来得够早了。"

德鲁克导师对杜伟男温和地笑了，说道："还好我今天来得早了些，不然，就该错过你如此精彩的发言了，孩子。"

看着德鲁克导师诙谐的样子，杜伟男有些哭笑不得，没想到这位管理学大师竟如此平易近人。

"好了，孩子们，我想告诉你们的第一点，其实这位朋友已经说了——我们都是管理者。（如图3-1所示）这里的管理者当然不仅包括高管，还包括普通员工。"德鲁克导师声如洪钟道。

一个男生皱着眉头问道："德鲁克导师，不是我抬杠，这员工就是员工，高管就是高管，员工怎么能称为'管理者'呢？退一步说，就算员工有能力出众的，但他们也只是业绩出众，跟管理层完全是两码事啊，他们恐怕连最基本的管理学知识都不懂吧？"

德鲁克导师摆摆手："不要急，年轻人，先听我说完。我说的管理者，指的并不是高管，而是懂得进行自我管理的人。比如一个烟民，为了戒烟而制定了一系列自我管理的方案，最后成功把烟戒掉，那他也可以称作'管理者'。"

图 3-1　我们都是管理者

男生点点头，不说话了。

德鲁克导师继续说道："刚才这位朋友提到的，恐怕也是我们的固有思维。通常情况下，我们都会觉得，企业里的管理者就是领导嘛，而普通员工只要听从吩咐，完成职责范围内的工作就可以了，跟管理者根本不沾边。其实不是这样的——"

德鲁克导师在白板上画了一张关系图：

企业总目标——逐级细化目标——每个员工的工作指标。

"各位，当一家公司制定企业总目标后，各个部门的高管会将总目标进行规划分配，以确定每个部门的完成指标；制定好部门目标后，这一目标又会再次细化，变成各个小组的完成指标；

小组指标需要分配到个人，让每个员工确定好自己的工作内容、工作完成标准以及职责范围。（如图 3-2 所示）大企业的目标执行还会更加细化，但总体就是这样的。当每个员工明确自己的工作目标后，他们就成为各自任务的管理者。因此，我才会说'人人都是管理者'。"德鲁克导师耐心地解释道。

当公司制定总目标后，员工需要按照各个分目标进行自我管理，自我管理要落实到个人。

图 3-2　细化目标

"德鲁克导师，我有个问题不太明白，"一个看起来很文静的女孩子说道，"当每个人手中都有职责和目标时，那就会不可避免地出现个人行为与组织行为相冲突的局面。比如说，人事部的员工 A，他的职责是准备笔、本子等会议用品。但购买笔、本子又是采购部员工 B 的职责。员工 A 去找员工 B，员工 B 却并没有接到要购买笔、本子的消息，这时候又该如何做呢？"

德鲁克导师笑着说："是啊，不管是员工还是高管，在进行目标管理时，经常会碰到自己的工作无法获得其他部门支持的情况。这时，员工 A 可以先将情况报告给本部门，也就是人事部的负责人，如果人事部负责人有权直接让员工 B 购买笔、本子，就让其出面；如果人事部负责人没有权力干预其他部门员工的工作，则让其去找采购部负责人协商。在这里，员工 A 直接去找员工 B，这是个人行为；但员工 A 把工作上报人事部，再由人事部找采购部协商，这就是组织行为。如此一来，个人行为就与组织行为相一致了。"

"我明白了，您是说，当员工 A 将工作中所遇困难上报组织时，他所代表的就不是自己，而是组织了。所以，他的个人目标，就跟组织目标一致了，对吗？"女生恍然大悟。

"是的，我的孩子，你总结得非常好。"德鲁克导师对女生眨了眨眼。

杜伟男和李彬也跟着点了点头。确实，就像德鲁克导师说的那样，就拿银河大酒店来说：前台有前台的工作守则，迎宾有迎宾的工作守则，泊车员有泊车员的工作守则。虽然他们都是一线工作人员，但他们在某种程度上也是管理者，因为他们每天都在进行目标管理。他们的任务，就是让自己的工作获得领导的认可，这也可以看作员工履行自己管理者身份的一个过程。

德鲁克导师继续说道："各位可以想一想，如果员工不做目标管理，那他就会不负责任地开展工作，这就会对整个企业造成实际影响，也会让企业花更多时间去解决问题。因此，让员工学会管理自己的一亩三分地，这是非常重要的。"

"我明白了，所以，企业也要采取措施，向员工们灌输'人人都是管理者'的意识，这样才能调动员工的积极性。只有每个人都管理好自己，企业才能得以正常运作，各个阶段的发展目标才能得以顺利实现。"李彬说道。

"不错，不过说到底，管理也就是目标管理。说到这个目标管理——"德鲁克导师笑眯眯地卖了个关子。

第二节　管理，说到底就是目标管理

"说到目标管理，"德鲁克导师说道，"其实刚才我已经提到了，根据我的理论，就是企业领导在一项任务开启之际，制定的一份整个企业在一段时期内希望达到的总目标。然后，各个部门的管理者再将各自的分目标下达给全体职工，明确每个人的目标。之后，再由管理者积极主动地实现这些目标。这种管理方法便是目标管理。"

"您当时为何会提出目标管理这个概念呢？要知道，在20世纪50年代，您提出的理论可太前卫了。"一个男生佩服地说道。

"哈哈，不敢当不敢当。"德鲁克导师做出谦虚的样子，笑眯眯地说道，"当时，我只是想通过一种管理方式，让企业更好地完成目标。但随着试验的进行，我发现当员工能积极主动地完成自己的工作时，企业的效率就自然而然地提升了。所以，我开始强调个人的作用，提倡员工能自觉参与目标的制定、实施、控制、检查与评价。而这些，也就是目标管理的部分操作方式了。"

杜伟男说道："您的意思是，目标管理就是动员企业的所有员工，让他们共同商定划分的企业目标，同时制定保证其实现的方法，对吗？"

"是的，孩子。"德鲁克导师说道，"这样一来，企业内的各个单位、部门及成员的责任与成果都与企业密切相连，这样能让命令和行动都更有效地进行。"

"您说得对。"李彬也点头说道，"使用目标管理，能让高管在目标的执行过程中，对上下级的责任范围进行明确，使上级适当放权给下级，下级施行自我管理。以此为方针，最后形成一个全方位的目标管理体系。（如图 3-3 所示）"

图 3-3　全方位目标管理体系

德鲁克导师笑眯眯地点点头，说道："不错，你说得对。目标管理不但能提高管理者的领导能力，还能激发员工的积极性，保证目标实现。事实上，目标管理是一种整体的、民主的成果管理，这也是目标管理的魅力所在。"

"噢，我明白了。"一个女生喊道，随即有些不好意思地说道，"抱歉，您给了我很大的启发。其实，目标管理就是促进组织中的上下级一起制定目标并完成目标的方法。在员工明确总目标和自我目标的前提下，员工能够对自己和企业负责。这真是太妙了！"

"谢谢。"德鲁克导师显然很喜欢别人的夸赞，"而且，相比传统的自上而下式管理方法，目标管理的特点更为鲜明。随着时代的进步，简单的'管理者传达命令，员工机械工作'模式已经无法满足企业的发展需求。所以，我的目标管理也可以说是应运而生。"

"那么，目标管理有什么具体好处呢？"一个戴眼镜的短发女生问道。

德鲁克导师说道："你们中国一向讲求以人为本，这个理念跟我的目标管理的理念是相当契合的。所以，相比外国企业，我的管理方式更适合中国企业。因为——我的目标管理就非常重视人的因素！"

德鲁克导师喝了口水，继续讲道："你看，目标管理是一种重视民主性、参与性的由自我控制的管理制度。在这种制度下，上下级的关系是平等的，管理者与员工需要互相尊重、互相依赖、互相支持。员工在承诺目标与被授权后，其心态是自觉、自主与自治的。当员工受到重视后，自然会想办法'报答'企业，这也就促成了企业的良好氛围的形成，从而提高了企业的生产效率。"

杜伟男点点头，跟资本主义企业相比，中国企业的确更重视"人"的作用。虽说企业和员工间的基本关系还是劳资关系，但如果使用目标管理法，员工就会产生"主人翁"意识，会把企业当成自己真正的事业来做，这是非常难得也是非常重要的一点。

德鲁克导师接着说道："还有，目标管理很重视成果，这也弥补了一些员工'重在参与'的心理。要知道，企业的基本目标就是盈利。说白了，只有企业赚钱了，才有能力给员工支付薪酬，才有可能做大做强，给员工创造一个美好的前程。所以，结果很重要。"

"而且，我通过试验发现，"德鲁克导师强调道，"目标管理的起点就是制定目标，其重点为目标完成情况的考核，管理者不会对员工完成个人目标的具体过程和方法进行过多干预。因此，管理者的监督成分少，员工的目标实现力就强。"

"嗯，那在使用目标管理法进行管理时，我们应该如何具体操作呢？"戴眼镜的女生继续问道，同时在本子上飞快地做着笔记。

"目标管理具体的操作方法分为三个阶段——"

德鲁克导师用笔在白板上写下目标管理的操作方法（如图3-4所示），然后用笔点着白板上的第一条说道："我们先看目标设置阶段。这是目标管理中最重要的阶段，可以细化成四个步骤。第一步，高层管理者提出一个暂时的、可改变的目标预案。这个预案被提出来后，同阶层管理者进行讨论，最后再由领导根据企业的战略及使命，批准最终出炉的目标方案。第二步，目标被确定后，管理者会对其重新审议，并且划分职责。目标管理要求管理者要确定每个分目标都有责任主体。管理者必须要根据总目标，对目标分级进行规划和调整，同时明确各个分目标的责任者。第三步，管理者在划分目标后，要确立员工的个人目标。管理者需要对员工讲明企业的总规划与总目标，然后与下级商议分目标的具体分配。第四步，管理者需要同员工一起，就实现各项目标所需的条件及事宜达成协议。在制定分目标后，要对员工授予相应的权力，并为其提供资源配置，以此实现权力、责任和利益的统一。"

图 3-4　目标管理的操作方法

"那第二阶段呢？"同学们迫不及待地问道。

"在第二阶段，管理者应当强调员工的自主、自觉和自治，同时重视结果。当然，管理者不干预员工，并不代表管理者要放手不管。相反，管理者要明白，目标体系是牵一发而动全身的。因此，管理者在目标实施过程中的管理是必不可少的。"德鲁克导师说道。

李彬点点头，就像德鲁克导师说的，在目标管理过程中，管理者应当进行定期检查，同时利用平时与员工接触的机会，让员工对自己进行进度汇报，便于相互协调。同时，管理者还要帮助下属解决工作中的困难问题，以免发生不可预测的事件，导致企业目标被严重影响。

看着同学们记得差不多了，德鲁克导师说道："至于第三阶段——在目标达到预期后，管理者需要引导员工进行自我评估，对工作进行总结，然后以书面报告的形式提交。"

戴眼镜的女生点点头，说："是啊，管理者需要同员工一起，就考核目标的完成情况决定奖惩，同时对下一阶段目标进行讨论，开始新的目标循环。如果员工这一阶段的目标没有完成，那么管理者应同员工一起分析原因，总结失败的教训。"

"说得非常好。"德鲁克导师笑眯眯地夸奖道，"目标管理能帮助管理者与员工建立亲密关系，保持双方之间的信任。"

"可是，不少公司的管理者都是高高在上的，在他们看来，自己跟员工就是两个世界的人。对于这类管理者来说，他们怎么可能承认员工的目标管理跟他的目标管理是同样重要的呢？"戴眼镜的女生神色黯然地说道。

"是啊，是啊，你说得没错。"德鲁克导师也感慨道，"所以，这也是我接下来要讲的内容——优秀的领导者才是英雄。"

第三节　优秀的领导者才是英雄

"'优秀的领导者才是英雄'，这个观点是我不少作品中都反复提到的一点，要做好目标管理，一个优秀的领导者是必不可少的。"德鲁克导师感慨着，眼圈竟然开始泛红了！

"抱歉，各位。"德鲁克导师拿出手帕擦了下眼角，然后说道，"有些人应该看过我的自传——《旁观者的冒险》。在这本书里，我提到了我的救命恩人——胡佛总统。事实上，他不仅是我的救命恩人，也是数百万难民的救命恩人。当时，他成立了一个救济组织，每天向学校提供一顿午餐。这顿午餐的菜式非常单一，就是一杯可可粉冲麦片。我真的惊讶，一个组织竟然有这么大的力量。所以，我一直在强调，人类的创造力是能通过组织来实现的。但这也有个必要前提，那就是组织要有一个足够优秀的领导者，就像我的救命恩人胡佛总统一样。"

同学们看着德鲁克导师激动的样子，纷纷出言安慰。

德鲁克导师赶紧整理了一下情绪，继续说道："谢谢各位，所以，我想表达的意思就是——一个企业的领导者，跟经理人的作用是不一样的。中国有句老话，叫'兵熊熊一个，将熊熊一窝'，如果领导人本身的观念就有问题，那他招聘的高管也不会跟他差太多。如此一层一层下去，也就难免影响整个企业的风气了。"

"领导者应该如何做，才能算是优秀的领导者呢？"杜伟男举手问道。

德鲁克导师说道："我们且不说作为一个领导者的能力和财力应当如何，作为一个人，他首先要做到的，就是要尊重另一个人。

（如图 3-5 所示）如果不尊重员工，那目标管理也就无从谈起了。"

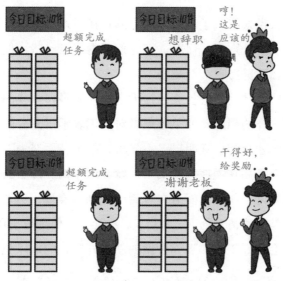

图 3-5　优秀的领导者要尊重员工

　　"是的，您说得对。"杜伟男点头表示同意。想一想自己公司的高管，还真有那么几个高高在上的，看来回去得好好想想，要不要换一批新鲜血液了。

　　德鲁克导师继续说道："其实，老总也好，高管也罢，在管理公司的过程中，要做的无非就是规范、调配员工。如果实施了目标管理，员工自己可以管理自己，那高管们要做的无非就是尊重员工、信任员工、理解员工、关心员工，并按照规定的标准对员工予以激励。"

　　"可是，我们是管理层啊，要是员工真能做到自己管理自己，那还要我们干吗？"一个三十岁左右的男士翻着白眼吐槽道。

　　德鲁克导师看着他，严肃地说道："是啊，我不敢保证每个员工都是自觉的。如果管理者将员工想得很自觉，那管理不一定成功；可如果管理者把员工想得很坏很无能，那管理一定会失败。"

"这么说太绝对了吧？"男士满不在乎地说道，"我只是想把自己跟员工区别开，何况，把他们想得平庸一些，他们才会为了证明自己而努力啊，不是吗？"

"当然不是。"德鲁克导师无奈地摊手道，"我的孩子，你怎么会有这样的想法？如果管理者对员工表示了充分的信任和尊重，那对方才会为了证明自己不辜负你的期待而努力工作；如果管理者只会高高在上地俯视员工，嫌弃这个嫌弃那个的，那员工肯定不会好好工作，反而会在背后给你制造麻烦。当然，也有一部分员工是不通情理的。这些员工，不管你对他是尊重还是蔑视，他们都不会好好工作，那你要做的就是开除他们，以免扰乱公司的整体风气。"

"是啊，"李彬在一旁说道，"我赞成德鲁克导师的话。就像白居易有句诗写的，'卖炭得钱何所营？身上衣裳口中食'。员工来你这儿上班，无非是要谋生。说句不好听的，你到企业当高管，不也是为了生存吗？每个人都要穿衣吃饭，只是工作内容不同而已，真没必要谁看不起谁的。"

"我不是看不起他们，我的意思是——他们是兵，我是将。兵不听话，身为将帅当然要对其进行惩罚，我有这个权力管教他们。如果不分个高低，军营早就一团乱了。遇到决策时，你难道要听员工的指挥？让员工给你下命令做事？他们懂决策吗？"男士狡辩道。

"你这话真是让人莫名其妙，你难道不知道管理的目的之一就是要凝聚人心吗？每位管理者都希望员工能做到爱岗敬业，这一点无可厚非。可是，怎样才能引导员工爱岗敬业呢？试想，如果员工对岗位充满了厌恶，对管理者充满了反感和恐惧，时刻担心被罚或被裁，他们又如何做到爱岗呢？如果管理者没有替员工着想，也没有让员工感动的行为，员工又如何做到敬业呢？"李彬皱着眉头反驳道。

"那你的意思是，即便员工做错了事，我为了顾及他们的感受，也干脆不要罚他们了？没规矩不成方圆，你到底懂不懂管理？"男士反唇相讥。

"如果员工做错事当然要罚，但我从头到尾只听到你要罚他们，却没听到你要奖励他们，你不觉得自己太偏激了吗？"李彬淡淡地说道。

"他们拿钱办事，好好工作是应该的，为什么要奖励他们？"男士嗤笑一声道。

"你要求他们生产 10 个零件，他们生产同质量的 15 个零件时，你就应该予以嘉奖。在他们犯错时，你应该找出他们犯错的原因，避免出现第二次错误，而不是直接惩罚他们。要想凝聚人心，管理者就必须要尊重人性。当发现员工情绪不良时，可以找员工进行长谈，化解员工的烦恼和焦虑，避免一名员工的坏情绪传染整个团队。我倒是真的可怜你手下的员工，跟着你肯定很痛苦。"李彬摊了摊手，一副痛心疾首的表情。

"你！"男士张了张口想要反驳，但一时间又找不到合适的话，只好灰溜溜地败下阵来。

德鲁克导师赞许地看了一眼李彬，然后笑眯眯地说道："没错，更何况，员工只有在基本需求得到满足的时候，才能有更高的追求，才能向高层次的需求迈进。因此，动辄罚款、扣钱的做法是非常不得人心的。这不但对管理效果有害，还有可能让员工对公司貌合神离，降低工作效率。"

"噢，天啊，管理真的是太难了。"一位卷发女生显然被李彬和男士的争论绕晕了，说道，"一想到之后的管理工作，我就有点头痛。"

"不要觉得管理学很难，"德鲁克导师温和地说，"因为，管理要解决的问题，有 90% 是共同的，这也是我接下来要讲的内容——"

第四节　管理要解决的问题有 90% 是共同的

"就像我刚才说的，"德鲁克导师说道，"在所有的企业里，有 90% 的问题其实都是一样的，需要自己发挥的部分只有 10%。"

"啊？管理有这么简单吗？"卷发女生惊诧道，"我怎么觉得，每个管理者用的方法都是不一样的呢？您能讲讲，管理要解决的共同问题吗？"

"当然可以，我的孩子。"德鲁克导师耐心地说道，"其实，管理无非是让公司运营更有效率的手段，而公司又是由人组成的，所以，管理要解决的问题，无非是人的问题。"

卷发女生点点头，在纸上飞快地记着知识点。

德鲁克导师继续说道："管理学要解决的'人的问题'，其实也就是员工和管理者的问题。员工的问题，具体包括三个方面：一是员工的态度问题；二是员工的能力问题；三是员工间的合作问题。我们先来看第一个问题。"

德鲁克导师喝了口水，侃侃而谈道："员工想不想跟着你干，主要看你能给他们多少钱，能在多大程度上给予他们重视。在没有足够福利的情况下，管理者就不要要求员工的忠诚度了。毕竟大家出来工作，首先要解决的都是温饱问题。中国有句老话，叫'重赏之下，必有勇夫'，这话用在管理上也是一样的。要想让员工端正态度，企业要先保证他们的利益不受损失。这里的利益既包括薪资利益，也包括精神层面的利益。"

"那第二个问题呢？"同学们迫不及待地问道。

"要解决员工的能力问题，光给他们好的待遇是不够的，我们必须依靠科学管理。上节课，泰勒导师都给你们讲过科学管理的内容了吧？"

"是的，讲过了，我要制定科学合理的制度，同时要将流程化、标准化作为科学管理的核心，对吗？"杜伟男总结道。

德鲁克导师笑眯眯地肯定道："不错，非常正确。其实，这就跟小孩子读书是一个道理。要想提高孩子的成绩，就要给他们找名校，找名师。虽然名校和名师不能直接提高孩子的学习成绩，却能给孩子提供更科学的配套管理，这样更能让孩子根据自身的特点，获得更好的提升。通过层层选拔的员工，必定是相对优秀的。企业能否将他们的特长发挥出来，就看后期的科学管理和培养了。"

"那，员工间的合作问题又该如何解决呢？"卷发女生歪着头问道。

"在员工态度、能力都得到保障后，我们就要解决合作问题了。"德鲁克导师微笑着指了指李彬，"就像这位同学刚才说的，管理的目的之一就是要凝聚人心，管理者要增强团队的凝聚力和向心力，不能让员工像一盘散沙一样各干各的。"

"怎么增强团队的凝聚力呢？"卷发女生不安地说道，"我觉得我是个特别没有魄力的人，所以，员工肯定不会因为我的个人魅力而服从我的。"

德鲁克导师安慰她道："孩子，你多虑了，我给你三个增强团队凝聚力的方法吧——第一，你要采取民主的方式，让员工敢于表达自己意见，这样能让他们感受到自己正在参与团队的决策，从而提高他们的工作积极性与自主性；第二，你要跟员工建立起良好的沟通渠道，让员工在有问题反馈时，能有机会直接跟你面谈；第三，你要建立起属于团队的激励机制，在公司奖惩措施的基础上，你要给你的员工再建立一个让他们区别于其他员工的奖励机制，这样才能提高员工的积极性，也能让员工更愿意按照你的话做事。"

卷发女生感激地点了点头，说："啊，我明白了，谢谢您，德鲁克导师。"

"员工的问题讲完了，那管理者的问题呢？"同学们纷纷问道。

德鲁克导师对她眨眨眼，然后温和地对大家说道："其实，现代管理的核心职能，无非是最大限度地激发人的主观能动性。其中，管理者与员工之间的互动，就是人发挥主观能动性的显著表现。在企业中，管理者如何提高员工素质，如何创造出和谐平等的环境，如何达成团队目标与个人目标的统一，这都是管理者应当考虑的问题。在这一点上，我非常佩服中国著名小说《西游记》里的取经团队。"

"您还知道《西游记》呢。"杜伟男饶有兴趣地说道。

"当然，其实，《西游记》里的取经团队，就是一个相互制衡的团队，也只有这样的团队才能顺利取得真经。"德鲁克导师说道。

一个穿着印有"齐天大圣"衣服的男生说道："他们能取经成功，还不多亏了孙悟空嘛。"

"不全是这样的哦。"德鲁克导师笑着说道，"你看，唐僧是毋庸置疑的管理者。他是团队的'师父'，虽然专业能力不强，却立场坚定，坚决贯彻佛祖的指示。而孙悟空则是团队中的'扛把子'，有才，也高傲，甚至还有些看不起唐僧。为了更好地管住这个恃才傲物的人才，唐僧不得不借来了紧箍咒，这个紧箍咒也可以看作科学管理的方法。"

"那猪八戒跟沙和尚呢？"另一名男生显然也是孙悟空的粉丝，"我看他俩除了拖后腿，什么也不会干啊。尤其是猪八戒，他就是出了名的马屁精，除了说散伙，还会干什么？"

德鲁克导师说道："你看，你小瞧八戒了吧。我们不说他长得丑，想得美，光说他在团队中起的作用。唐僧是管理者，孙悟空是人才，猪八戒则是润滑剂。在唐僧跟孙悟空起争执时，八戒总是坚定不移地站在唐僧身边。当孙悟空惹怒唐僧时，猪八戒就添油加醋地说孙悟空的坏话，帮着唐僧说他。其实，这样的人对于管理者来说是很有必要的。如果猪八戒跟孙悟空站在一起，再加上沙和尚，那唐僧这经也就别取了。"

同学们点点头，嗯，是这么个理儿。

"那沙和尚呢，他有什么用啊？"一些男生继续问道。

"沙和尚当然有用，他是一个多么吃苦耐劳的老实人啊！"德鲁克导师笑着说道，"你们看，挑担牵马、砍柴化缘、布施守援等重活累活，哪个不是这个老实人在做呢？"

"噢！果然。"大家恍然大悟，这么看来，取经团队真的是很科学的团队了。

"所以啊，管理者一定要学会识人、用人，让每个人发挥自己最大的作用。管理者只有最大限度地激发人的主观能动性，才能确保员工价值的实现。"德鲁克导师俏皮地眨了眨眼，说道，"好了各位，今天的内容就到这里了，希望你们都能有所收获，再会！"

同学们纷纷起身鼓掌，以报答德鲁克导师给大家带来的如此精彩的一课。

第四章
哈罗德·孔茨导师
主讲"职能"

本章通过四个小节，讲解了哈罗德·孔茨的职能管理理论的要点。在哈罗德·孔茨看来，企业管理就像在丛林中穿梭。这是一种很有意思的比喻。为了帮助读者更好地理解哈罗德·孔茨的职能管理学，作者将哈罗德·孔茨的观点熟练掌握后，又以幽默诙谐的方式和简明易懂的语言讲述给读者。对职能管理有兴趣的读者，本章是不可错过的部分。

哈罗德·孔茨

（Harold Koontz，1908—1984），美国管理学家，管理过程学派的主要代表人物之一。曾在美国和欧洲各国讲授管理学，并在美国、荷兰、日本等国的大公司中负责咨询工作，曾就任美国管理学会会长。孔茨将法约尔的管理活动理论，在计划、组织、指挥、协调和控制的基础上，变更为计划、组织、人事、指挥和控制五项。1941年起，哈罗德·孔茨陆续出版了二十余部著作，同时发表了八九十篇论文。其主要代表著作有《管理理论的丛林》《再论管理理论的丛林》等。

第一节　管理大门的金钥匙

自从听了德鲁克导师的课，李彬和杜伟男回去就大刀阔斧地撤掉了一批高管。

别说，撤掉一些高管后，公司的风气在短时间内就有了明显的变化。

有一天，李彬因为跟加盟商谈得有些晚，七点多才从办公室走出来。经过员工区，他发现人事部门的灯还亮着。跟加盟商过去一看，有两个员工正在电脑前录单子。

"怎么还不下班？"李彬随意地问道。

两名员工立刻站起来，其中一个女生笑着说道："李总，您不知道，我们新来的经理特别能干。您想啊，经理都这么能干了，我们也不能太清闲呀。"

另一名女生点点头，小声说道："是啊，我俩速度比较慢，但是不想让团队'掉链子'，更不想给公司拖后腿，所以就加班多干点。"

"嘿，李总，你们公司员工真不错，看来加盟你们是个正确的选择。"加盟商在一旁笑着说道，"我们吃饭的时候，顺便把合同签了？"

"好的，我请客。"李彬很高兴，心里暗暗想着，德鲁克导师的目标管理法果然不错，这些员工的目标，已经开始跟企业目标相契合了。

自从发生了这件事，李彬就更盼着 R 大的管理课了，好不容易熬到了上课当日。他心想："今天，又是哪位导师上课，要讲些什么内容呢？"

来到礼堂，这次更是座无虚席了。无奈，李彬和杜伟男只好站着听课。

他们俩刚选了个离讲台近的角落，就看见一个西装革履，戴着墨镜的中年男子走上讲台——又是个西方人。台上人看起来有些眼熟，杜伟男想到了一个绰号——游侠。

"嗨，各位好，我是大家的讲师——哈罗德·孔茨，我有一个绰号，叫'管理丛林中的游侠'，不知道各位听说过没有？"孔茨导师欢快地说道，"今天我们的内容是非常重要的职能管理，希望大家能在我的课上有所收获。"

跟同学们打完招呼后，孔茨导师就打开了话匣子："我们都知道，不管什么类型的团队，其中都存在性格各异的员工。就像每个人性格不同一样，每个人擅长的领域也都不同。虽然在多数情况下，员工是不会主动引发争执的，但共事久了，难免有些恃才傲物、性格孤僻的'人才'，不愿跟团队中的'凡夫俗子'共事。"

"您说得对。"一个扎着红色暗花领带的男子接茬道，"我的团队里就有这样的人，他不仅给团队带去了消极影响，还相当藐视我这个领导者，觉得我在专业技能上并不如他。可其实，我原本就是学管理的，跟他本就术业不同。"

看着男子忿忿的样子，孔茨导师笑眯眯地说道："是啊，所以管理者要了解每位员工的性格定位和领域定位，这样才能针对某类员工进行具体管理。（如图 4-1 所示）要知道，'江山易改，禀性难移'，你想改变员工的性格是不可能的，相比之下，改变你的管理方式更容易实现。"

每个人都有自己的个性，员工也是如此。
管理者要学会根据员工的性格特点做具体管理。

图 4-1　管理员工要"因材施教"

"嘿，这些外国导师，运用起中国的俗语典故倒是得心应手。"杜伟男暗暗想道。

男子皱了皱眉头，问道："那您说，对于这种员工，我应该怎么办？"

孔茨导师笑着说："那得看他是哪种'孤僻者'了。这类人有的'吃捧'，你'捧'着他来，他就会明确一点——你知道了他的重要性。这样一来，他自然会好好为你工作。有的'吃激'，你越'捧'他，他越觉得你什么都不懂，这样反而不好管理。如果你适当地使用'激将法'，将一些难题和挑战抛给他，他就会为了证明自己是个人才，而为你解决难题。"

男子恍然大悟地点点头，佩服地坐了下来。

孔茨导师继续说道："其实，管理就像一门艺术，当你明确对方的角色定位，并采取行之有效的方式进行管理时，那就能有效地控制团队，提高团队的工作效能。而且，我们在管理时，不仅要注意每位员工的性格，还要注意员工之间的'性格搭配'。"

"性格搭配？我只知道'男女搭配，干活不累'，这性格要如何搭配啊？"一位穿着格子衫的男同学纳闷道。

孔茨导师笑着问道："如果是你当管理者，需要为团队选拔一些员工，你更喜欢选择哪些员工？"

"当然是精英了，最好整个团队里都是精英，这样才能比其他团队的效能更高。"穿格子衫的男生毫不犹豫地答道。

"天真"。李彬暗自想道，"一个团队里全是精英，那管理起来得让你头痛死。"

果然，孔茨导师说道："确实，企业需要精英，团队也需要精英。但是，这些攻坚精英的性格往往不太合群，也不容易听取别人的意见，更不愿听从其他精英的安排。精英其实就是团队攻坚时的主心骨，如果一个团队全是主心骨，那大家全都担当发号施令的角色，谁来冲锋陷阵呢？"

"啊，对了，这就跟德鲁克导师说的'西游团队'一样，每个人都有各自的职能。如果像我刚才说的，取经团队里全都是孙悟空，那早就闹翻天了。"穿格子衫的男生赶紧说道。

"是啊，"孔茨导师感慨道，"团队需要精英，也需要'老黄牛'。（如图4-1所示）有些领导觉得'老黄牛'做事慢，创意也不行，所以不愿意吸收他们进团队。但这些'老黄牛'却是最忠诚肯干的员工，一些命令都需要靠他们来贯彻执行。"

杜伟男点点头，说："没错。不过，'老黄牛'虽然踏实肯干，但同样也有诉求问题。如果管理者只让他们埋头'耕地'，却不倾听他们的心理诉求，那这些'老黄牛'也会罢工的。"

"而且，管理者还要让精英和'老黄牛'各司其职。"李彬在一旁补充道，"如果让'老黄牛'去做创意、公关等工作，让精英去搞流水线，那团队就会被弄得一团糟。"

图 4-2　完美团队的构成

"说得不错。"孔茨导师俏皮地眨了眨眼，对李彬和杜伟男给予了肯定，又问道，"对了，同学们，你们知道我为什么被称作'游侠'吗？"

第二节　穿梭在管理丛林中的"游侠"

听完孔茨导师的提问，一个女生怯怯地说道："因为您提出了'管理理论的丛林'？"

"不错，孩子。"孔茨导师说道，"其实，我早在 20 世纪

60 年代，就看出了当时的管理领域简直就是一团乱麻。当时，管理理论的发展还处在一个相当不成熟的阶段，一些早起的管理学萌芽——就是由你们的亨利·法约尔导师提出的——这对我来说意义重大。但是，当时谁都不知道科学的管理法则到底是什么，于是，一个又一个不同类别的管理学派冒了出来。"

"他们都是错误的吗？"刚才提出"管理理论的丛林"的女生问道。

"虽然当时人们众说纷纭，各持各的观点，但并不能说他们是错误的。"孔茨导师说道，"相反，当时的每个管理学派都对管理学理论做出了一定的贡献。但是，在我看来，管理学就是管理学，它只是一种理论，跟管理方法是不能混为一谈的。就像物理课本上讲的理论知识，跟实践、试验是完全不同的。"

女生点点头，说："是的，管理学是知识，管理方法是实践。二者虽能结合，却不能混为一谈。"

"是这样的。"孔茨导师笑眯眯地说道。

刚才那位穿格子衫的男生又有问题了："孔茨导师，当时都有哪些管理学派啊？我只知道法约尔导师的管理过程理论。"

孔茨导师点点头，说道："是这样的，当时的管理学派实在太过复杂，其中有管理过程学派，就是认为管理是通过过程进行管理的学派；人际关系学派，认为管理学的核心就是人际关系；群体行为学派，现在又被称作'组织行为学派'；经验学派，是让管理者通过实践学到管理经验的学派；社会协作系统学派，认为管理只限于正式组织；社会技术系统学派，他们认为个人态度和群体行为都会对工作造成影响；系统学派，他们认为系统方法是管理的最佳手段；决策理论学派，他们认为决策是管理理论的核心；数学学派，倡导者就是一些运筹分析师，他们想让自己跟

'管理学家'挂钩；权变理论学派，他们认为管理者的实际工作，取决于他们所在的环境条件；经理角色学派，这在我们那个年代，属于最新提出的学派，主要是用来明确经理人内容。以上一共是11个大的管理学派。"

"我的天呐，光听您说，我的头就有两个大了。"穿格子衫的男生一脸蒙圈，说道，"这，这么多学派，您是怎么一个一个把它们驳倒的啊？"

孔茨导师微笑着说道："这就把你吓倒啦？当时的管理领域更为复杂呢，一些小的管理学流派暂且不提，就说这11个学派，几乎每天都有新的本学派观点冒出，情况复杂多变得很呢。不过，就像我刚才说的，它们并非一无是处，其中有些观点，直到现在也非常适用。我要做的，只是在这些管理丛林中开辟出一条道路，找出一条切实可行的管理之路。"

"这么复杂，您还得一个一个了解它们的理论，这样太难了。"穿格子衫的男生摊手道。

"是啊，是不简单。有时候，我刚披荆斩棘搞定一个理论，但它紧接着又出现了新的观点，我不得不掉头回去，继续钻研他们的管理学派。"孔茨导师说道，"后来，我将这些管理理论分成了6个主要学派，分别是管理过程学派、经验或案例学派、人类行为学派、社会系统学派、决策理论学派和数学学派。我给自己定下的目标，就是要走出这片管理丛林。"

"格子衫"点点头，说道："怪不得，您被人们称作'穿梭在管理丛林中的游侠'。"

孔茨导师笑着说道："被我留下的6个管理学派中，每个学派都对管理学理论做出了相应的贡献，我想将它们的思想都归纳到一个管理职能中。不管是经验也好，决策也罢，如果能有一个管理职能，能从各种不同的角度研究管理问题，那就好了。"

一个穿西装却配了双白色运动鞋的男生说道："其实，管理说白了，不就是管公司的活动吗？把这些理论挑几个糅合在一起不就行了吗？"

"你想得太简单了，孩子。"孔茨导师说道，"管理学是系统研究管理活动的学科。虽然它主要应用在企业管理方面，但对于学校、军队、政府甚至科学研究机构来说，它们也同样需要管理学来进行管理。所以，一些只针对企业的管理，并不能收入到管理学中。在我看来，管理学需要解决两个问题：第一，这门学科是什么，是干什么用的；第二，这门学科应该如何应用。这第一个问题属于认识论范畴，而第二个问题则属于方法论范畴。对于管理学来说，它的知识体系构成也同样需要解决这两个问题。被我留下的 6 个学派，则是因为侧重点不同，所以思考和归纳的角度不同。只是简单地挑挑拣拣，是无法做到科学归纳的。"

"那，您归纳出来的管理学都有哪几个方面啊？"男生疑惑道。

孔茨导师清了清嗓子，说道："管理学嘛，肯定要有管理原理、管理内容、管理方法，具体又包括概念、性质和职能等。其中，管理职能既反映了管理学的全过程，也是管理原则的载体，一系列管理活动都是通过职能来完成任务的。所以，我们接下来要讲的内容，就是这个管理职能。"

第三节　管理就是通过职能完成任务

听到孔茨导师讲职能，穿格子衫的男生立刻来劲了，问道："孔茨导师，您说管理就是通过职能来完成任务，意思就是，管理者需要通过各种职能不同的员工来完成任务，对吧？"

"是的，每个员工都有各自的职能范围和职责范围。管理者需要通过他们来完成任务，从而实现管理，这是管理的本质。"孔茨导师肯定地说道。

"格子衫"说道："是这样，我在一家做互联网的台企工作，刚入职就是资讯部门的副理。可是，最近总有员工在背后说我坏话，说什么'新来的副理什么都不懂，就会瞎指挥'。可是，我本来就是管理层的，我要是什么都懂，还要他们做什么？"

"小伙子，你这个想法有问题啊。"杜伟男笑着说道，"作为管理者，你可以在专业职能上不如某些员工，但在管理上一定要做好，这就是你的职能啊。你需要考虑的并不是'我懂不懂互联网'，而是'我能不能调动他们的工作积极性'。你需要学会掌握激励他们的技巧。"

"非常好。"孔茨导师表扬了杜伟男，又转头对"格子衫"说道，"其实，管理的本质是通过调动其他人的积极性来完成任务的活动。如果管理者什么都懂，而且很勤劳，事事亲力亲为，那这个管理者肯定会患上各种过劳症，而手下的员工也就没有了存在的意义。所以，管理者需要将自己的职能划分成各种细小的职能，再将这些职能放权下去，通过职能分散、统一管理的方式，更有效能地完成任务，这就是管理的本质了。"

"泰勒导师跟德鲁克导师都跟我们提到过授权。"穿格子衫的男生说道，"我明白了，企业管理者通过将自己的权力交托给别人，然后让别人去代替自己完成工作。无论是管理者将自己的权力全部授予一个人，还是管理者将权力分散授予不同的人，最终，都是为了更好地提高工作完成的效率。"

孔茨导师赞许地点点头，说道："不错，你总结得很好。企业管理在很多时候都是结果导向的，管理工作的每一个步骤、每一个环节都要符合结果的要求。如果做不到这一点，管理就会流于形式，得不到预期的效果。就像你说的，你可以不懂互联网专业知识，但要懂得适当提拔有才华的人，让他们来分担你的审查工作。同时，你也要及时听取员工们的意见，注意他们的反馈，不要让他们有吐槽你的机会。"

"格子衫"点点头。这时，一位双马尾女生举手问道："孔茨导师，什么是结果导向啊？"

"所谓结果导向，就是说每一项工作都要以最终结果来进行判定。"孔茨导师说道，"其实，管理者并没有那么多的时间，去追求什么所谓的过程完美。他们只能够通过结果的数字和绩效，来考察这项工作完成得怎么样。"

"噢，确实如此。"女生点点头，说道，"虽然在运动会时，我们都会说'友谊第一，比赛第二''重在参与'，但放在企业中，管理者履行职能的好坏，就只能通过结果来判断。"

孔茨导师说道："所以，作为管理者，我们要时刻问自己'我要达成的目标是什么'，也要时刻思考'为什么没有达成这个目标'。只有这样，我们才能不断提高自己。"

李彬颇为感慨地说道："是啊，很多中层管理者在管理过程中，缺少统筹和创新的意识。在向上层管理者请示问题的时候，总是带着问题，将问题抛回给上层管理者。同时在汇报工作的时候，中层管理者总是强调自己做了很多事，付出了很多努力，但最终的结果却并不理想。殊不知，领导关注的，无非就是工作完成了没有，最终的结果如何。"

杜伟男也点了点头，说道："确实，将工作交托给别人去完成，自己从整体上把握工作的各个环节，根据结果对工作进行评判。找出相应的问题，及时进行改正，这才是管理工作以结果为导向的重要要求。"

一个女生在一旁说道："孔茨导师，虽然说管理工作以结果为导向，强调工作结果，但这也并不意味着工作的过程可以被忽视吧？我认为，虽说管理者并不需要加入工作的过程之中，但我们还是需要通过结果对过程进行批评和指导的。"

"不错，你说得对。"孔茨导师说道，"管理者可以通过管理方法将工作交给别人去完成，但却并不能因此而失去对工作任务的掌控。具体来说，就是管理者要从宏观上去对他人的工作过程进行监督。及时指出别人工作过程中的不足，让对方纠正这种不足之后，再去继续下面的工作过程。错误纠正得越早，工作结果就会越好。"

"管理者不能过于追求结果，如果只追求结果，认为过程就是把工作推出去，那他就忽略了自己的职能。在达成目标时，管理者可以从工作计划、工作过程中不断对工作进度进行调整和修正。不要指望可以通过固有经验去顺利实现目标，管理者要考虑许多具体的情况。"女生在一旁侃侃而谈道。

"是啊，看来你很有心得嘛，说的相当不错。"孔茨导师赞许道。

"您说得没错，我的员工就出现过这样的问题。"女生无奈地一摊手，道，"当时，我对一项任务进行了难度评估，确定这个任务只用一人就能独立完成。于是，我挑了个能力最强的员工，然后就去忙其他事了。等快验收时我把他叫到办公室，他竟支支吾吾地告诉我，这项工作他还没有展开！原来，这段时间我没有监督他，他就一直在偷懒。"

"噢，这真是太不幸了。"孔茨导师说道，"如果管理者托付工作之后，直接放手不管，那即使工作很容易完成，也可能因为员工的问题而没有办法按时完成。管理者想要提高企业的经济效益，就必须要将工作任务分配出去。但如果，在工作过程中发现问题，就要及时处理。如果员工在工作过程中偷懒，就应该及时指正，或者将工作收回，交由别人去完成。（如图 4-3 所示）"

图 4-3　管理就是让员工完成任务

女生点了点头，说道："是的，管理者有管理者的工作，就算放权了，他们也是要履行自己的职能的。"

"是啊，其实在我看来，职能管理就像一场比赛，我们要想获胜，就一定要通过全方位的检验。所以，我提出了职能管理大赛的五项全能——"

第四节　职能管理赛的五项全能

孔茨导师说道："我吸收了管理学前辈们的经验，加上自己的归类、延伸，将职能管理分成了计划、组织、人事、指挥和控制五项。在我看来，管理就是通过别人将事情做成，这份工作原本就是一种艺术。而且，管理的概念、理论、原则和方法都是非常重要的。有些人为了解决问题，只看重管理的方法而忽略了管理的原理，这是不可取的。"

"您能具体讲解一下这五项职能管理的内容吗？"穿格子衫的男生问道。

"当然可以。"孔茨导师说完，拿出笔，在白板上写了"计划""组织""人事""指挥"和"控制"五个词。

"我们先看'计划'。"孔茨导师指着第一个词语说道，"大家都知道，计划是一项任务开启前的准备，也是我们最先管理的内容。计划所涉及的问题，就是让人们来预测、模拟未来可能会发生的事情与风险，并针对这些事情作出决策，针对风险作出相应的解决对策。然后成立相应的组织结构，选拔参与任务的管理者和员工，划分员工的职责范围，这样才算完成了任务开启的前提。"

大家点了点头表示明白。俗话说，"有备才能无患"，凡事做好计划，让任务有章可循，总比一上来就开始做，遇到困难就"抓瞎"要好。

孔茨导师指着第二个词语说道："至于'组织'，它是设计与维持团队的一种结构。在划分了职权范围并设置了组织目标后，组织成员们就可以为了实现组织目标，而更有效率地进行工作。组织需要反映企业目标，也需要反映计划，人员职责甚至是企业所处的社会、经济、政治、技术等背景条件。"

是啊，其实员工是很复杂的管理对象，且不论精英也好，"老黄牛"也罢，个人的能力总归是有限的。组织存在的基本任务，就是有效管理复杂的对象，让他们共同发挥最大的作用。

"关于'人事'部分，其职能比较复杂，因为涉及'人'的部分总是复杂的。"孔茨导师指着第三个词语说道，"人事职能就是根据企业的经营需要，设计一定的标准，选拔相应的人员，并根据公司的人事方针，制定部门工作的程序与制度。同时，人事职能还包括对员工进行考核、检查、培训等。具体来说，人事职能就是涵盖了选择、雇佣、考评、储备、培养及一些相关内容的工作"

"关于'指挥'，想必各位都不会觉得陌生，"孔茨导师指着第四个词语说道，"指挥跟领导一样，在我看来都是一门艺术。若想引导员工们领悟并出色地实现企业目标，指挥职能至关重要。具体来说，这门艺术涵盖了以下三个方面：一是鼓舞员工们的士气；二是根据具体条件，制定相应的激励措施；三是让员工能形成一种氛围，并对激励措施做出反应。"

"那，孔茨导师，"一位女生看着白板上最后一个词语，说道，"这控制又是什么意思呢？控制跟指挥，难道不是一个意思吗？"

"当然不是，控制是这五种职能中最为复杂的职能。"孔茨导师说道，"控制职能，就是要按照事先制订好的计划，来衡量计划完成的情况，目的是纠正计划中的错误，保证计划能够顺利实施。"

女生点了点头，说："也就是说，控制就是风险控制了？那它要遵循什么原则呢？"

孔茨导师说道："控制职能，就是要先确保能够实现计划的目标。所以，它必须要根据计划，明确划分职责。我们在履行控制职能时，要尽量采取直接控制，这样才能保证效率。而且，控制需要有相应的组织作为依托，同时依靠合适的人事与消息，抓准关键点，通过灵活精准的手法，在发现偏差时采取及时的行动。"

女生点了点头，说："孔茨导师，其实我还有一件事不太明白。"

"请说，"孔茨导师似乎很喜欢有学生向他提出问题，说道，"我一定知无不言。"

女生不好意思地挠了挠头，说："刚才听您讲了半天，我有点搞不懂职责和职能的关系了，它俩是一个意思吗？我听着好像都差不多似的。"

"当然不是。在管理学中，职能和职责虽然容易混淆，但它们所表达的意思并不一样。"孔茨导师说道，"从字面上看，职能是职务能力，职责是职务责任。职能指的是为了提升工作成效、企业竞争力、运营力和影响力，人们制定的一系列方法，比如组建部门、制订计划、制定规章制度等；职责是某个人在某个岗位的责权范围，或者某个团队所承担的任务与要负的责任。（如图4-4所示）"

"噢，我明白了。"穿格子衫的男生说道，"您的意思是，职能针对的对象是部门或企业，而职责针对的对象是个人或团队？"

"是的，可以这么理解。"孔茨导师笑眯眯地说道，"而且，职能就是企业、部门等所拥有的权力与能力，而职责不仅被赋予了权力，还被赋予了责任。"

"噢！我明白了，谢谢您。"女生感激地说道。

图 4-4　职能与职责

"不客气，孩子们，今天关于职能管理的部分，我们就讲到这里了。"孔茨导师俏皮地眨了眨眼，说道，"希望我的课程能给大家带来收获与启发，别忘了，我是——"

"'穿梭在管理丛林中的游侠'！"大家异口同声道，同时爆发了热烈的掌声。

第五章
威廉·爱德华兹·戴明
导师主讲"控制"

本章通过四个小节，讲解了威廉·爱德华兹·戴明的质量控制管理理论的要点。在威廉·爱德华兹·戴明看来，企业的质量控制管理是至关重要的一环。质量是生产的重中之重，如何控制质量也是无数管理者迫切想要解决的问题。作者将威廉·爱德华兹·戴明关于质量控制的观点熟练掌握后，以一种轻松幽默的方式呈现给读者。想要提高这方面管理能力的读者，本章是不可错过的部分。

威廉·爱德华兹·戴明

（William Edwards Deming，1900—1993），美国管理学家、统计学家、物理学博士、作家、讲师及顾问。1928年，戴明博士在耶鲁大学获数学物理博士学位，而后长期任教于纽约大学，其任教时间长达46年。戴明博士是世界著名的管理专家，尤其擅长质量控制管理，他对世界质量管理发展做出了卓越贡献，从而享誉全球。以"戴明"命名的"戴明品质奖"，至今仍是日本品质管理领域的最高荣誉。

第一节　检验＝准备有次品

自从上了孔茨导师的课，李、杜二人便更加重视职能管理了。

这日，杜伟男正在办公室查看这周的工作汇报，秘书敲门进来了，说："杜总，咱们这个月的餐饮质量还检验吗？"

"当然要检验，不检验，怎么能知道餐饮质量是否合格呢？"杜伟男皱着眉头说道。

秘书赶紧点头，道："好的杜总，根据上个月的检验报告，咱们的餐饮质量不合格率控制到了5%，请问这次是否还按照这个检验标准进行检验？"

杜伟男考虑了一下，说："这样吧，这回控制在3%，让大家尽量不要超过这个数字。"

"好的，我知道了，杜总。"秘书恭敬地说道。

晚上，杜伟男跟李彬早早来到礼堂，看着杜伟男心不在焉的样子，李彬忍不住开口道："我说你也别老这么心事重重的了，不就是个检验标准嘛，3%也没有多苛刻，你怎么还老惦记着呢。"

杜伟男摇摇头："哎，也不怪我老想着这个，质量问题原本就是大事，我自然想让大家减少残次品的数量。可是不知道为什么，这个残次品的数量老是下不去，你说我能不发愁嘛。"

"嘿，我说年轻人，你的公司产品质量不合格，是因为你管理的方法不对！"一个男人大着嗓门在杜伟男身后嚷道，同时还拍了杜伟男的肩膀一下，把他吓了一跳。

杜伟男一回头，只见一个西装革履的西方老人笑意盈盈地站在他身后。这个老人的头发已经花白，藏在眼镜后的一对小眼睛闪耀着狡黠的光芒。

"您说我的管理方法有问题？"杜伟男疑惑地问道。

"是啊，是啊，孩子。"这位西方老人说道，"但在我告诉你如何操作之前，还是先让我介绍一下自己。我叫威廉·爱德华兹·戴明，物理学博士，美国管理学家、统计学家、作家、讲师及顾问，非常擅长'控制'管理……"

"好了好了，我们都听说过您，您就别自夸了。"一个戴着大眼镜的男生说道，"还是快给我们讲讲怎么保证产品质量通过检验吧！"显然，这个眼镜男也遇到了跟杜伟男相同的难题。

"哎，年轻人不要着急嘛，保证产品质量通过检验的方式就是——干脆不要检验。"戴明导师郑重地说道。

本来支棱着耳朵倾听的学生们立马耷拉了脑袋，嘿，这不跟没说一样嘛，不检验就不知道哪些产品是不合格的了，自然也就没有检验合格率了。

"您这不是废话嘛……"眼镜男小声嘟囔道。

杜伟男皱着眉头说道："我说，戴明导师，您不检验产品，不合格的产品就会流到市场上，到时候就会砸了公司的招牌，拉低我们产品的影响力，这不是得不偿失吗？"

戴明导师自信满满地说道："我就不检验产品的质量，因为，你如果增加了检验一关，那就等于告诉员工'我可以接受有残次品'！（如图 5-1 所示）"

"什么？什么意思？"杜伟男一头雾水，说道："我当然不接受产品中有残次品！可是，如果你不检验，又怎么知道有没有残次品呢？"

检验并不是保证产品质量的关键，严把质量关的意义，在于生产过程中的严密跟进。如果一个管理者只靠最终检验来确保产品质量，那就说明该管理者做好了有次品的打算。

图 5-1　检验不是管控的最好途径

同学们也被杜伟男和戴明导师绕蒙了。

只见戴明导师神秘一笑，说道："就像我说的，你增加了检验一关，名义上是为了保证产品质量，但实际上，即便你将残次品检查出来，那也已经太迟了。何况，你还要浪费检验产品的成本，得不偿失。正确的做法是——"

戴明导师在白板上写道：控制生产过程。

"噢，"杜伟男这才明白戴明导师的意思，说道，"您是说，在生产阶段进行管理，有效控制产品质量，这样就能在源头上杜绝产品的质量问题，也就不用再费一道检验的工序了？"

戴明导师笑眯眯地说道："聪明！十分正确！"

同学们想了想，也是，与其等到产品都生产出来再销毁或返工，倒不如在生产阶段就严抓质量，这样又省时又省力，还能有效控制成本。

眼镜男又举起了手，问道："那，我们应该如何控制生产过程呢？有什么需要注意的吗？"

"当然，生产管理是控制管理的重要组成部分，也是企业管理的重要组成部分。"戴明导师推了推眼镜认真地说道，"比如你要制定相应的生产制度，比如采用'按劳分配''阶梯工资制'等方式，这样能调动员工的积极性，保证公平生产、公平竞争，提高工作质量与效率。再比如你可以营造一个良好的生产环境，对员工进行严格规范和监督等。"

"仅仅制定规章就行了吗？我觉得我们单位的相关规章制度非常好啊，但是生产出来的产品，其合格率连90%都达不到。"眼镜男颇为懊丧地说道。

戴明导师赶紧说道："当然不是啦，我还没说完呢。其实，管理真正需要管的对象就是'人'。既然是管人，我们就不能只靠制度管人，还要靠人来管人。所以，选拔一个车间主任是很重要的。当然，这个车间主任不是选出来就完事儿了，而是要赋予他权力，也让他承担相应的责任。产品出的任何问题，都要由车间主任直接负责，这样才能真正杜绝产品的质量问题。"

"噢，明白了，就是选一个监督的人呗？我们倒是有车间主任，看来回去我得找他谈谈了。"眼镜男愤愤地说道。

戴明导师吐了吐舌头，继续说道："这个车间主任要做的，就是加强跟员工之间的交流，当遇到问题时，要及时跟进解决问题，这样才能让员工少走弯路。（如图5-2所示）同时，加强沟通还能避免命令传达错误等失误，可谓是一举多得。"

"再有就是明确分工了。"戴明导师喝了口咖啡，继续说道，"车间主任若不想被整个的生产责任压死，就要学会将责任分摊给每一个员工。这就需要他对员工的分工、定位有一个明确的安排，并且将责任细化到个人，这样才能让员工觉得有使命感和危机感，从而降低工作出错的概率。"

图 5-2　生产过程中要加强讨论

　　眼镜男点了点头，说道："明白了，看来这个控制管理的确很重要。"

　　"当然。对了，之前孔茨导师在讲述职能的时候，是不是已经提到控制了？"戴明导师笑眯眯地问道。

　　"是啊，孔茨导师说过，控制是一种非常复杂的职能。"同学们纷纷说道。

　　"不错，控制就是让管理者能在管理过程中避免一些问题，纠正一些偏差。而且，正确运用控制职能，还能让其成为恐惧心理的驱散剂呢！"戴明导师神秘地说道。

第二节　恐惧心理驱散剂

"驱散恐惧？不过是份工作而已，有什么好恐惧的？"一些还没步入社会的同学不解地问道。

"这里的恐惧并非是指鬼啊神啊，也不是指什么恐怖主义。而是让大家在工作的时候，必须有这个勇气去提出问题或者表达自己的想法。"戴明导师说道。

一个短发女生说道："呀，那我可不敢，在我们单位，领导说什么我就得做什么，多问一个问题，领导就能拿眼神杀死我。"

戴明导师皱着眉头："是吗？那你们团队的工作效率怎么样？"

"极差。"女生不好意思地笑了，解释道，"倒不是我们能力不够，您想，她平时就跟我们摆臭脸。我们干得好，她觉得理所应当，还拿我们的工作结果去邀功。我们在工作上有什么问题想请教她，她不但不教我们，还觉得我们跟白痴似的啥都不懂。可我们刚参加工作，哪能什么都懂呢？"

戴明导师摊手道："看吧，同学们，这位朋友的领导就是个很不懂控制管理的领导。作为一名管理者，在与员工沟通的过程中，经常会遇到'秀才遇到兵，有理说不清'的事情。尤其在跟基层员工进行沟通时，基层员工听不懂管理者的要求，管理者不懂基层员工的操作流程，这样的情况会让双方不愿继续沟通，而沟通的缺失也会造成严重的管理后果。"

短发女生摇摇头，说："戴明导师，虽然她从来不跟我们沟通，但我觉得沟通不是主要问题，问题还是她的人品不行。"

戴明导师笑着说道："你都没跟她深入交流过，怎么知道她的人品不行呢？而且，领导是有很多事情要做的，也有不少风险要担，只是你们接触不到这些罢了。就像你说的，有问题她不愿意教你，但你自己想一下，大部分问题是不是都能靠自己解决，或者留心观察别人的解决方法？所以，还是你们之间的沟通出现了问题。"

女生歪着头想了想，嗯，好像是这么回事。

戴明导师继续说道："你们想想，管理者如果不时刻与基层员工保持联系，又怎么能在工作中作出正确决策呢？基层员工手中的信息，往往是产品的第一信息。因此，管理者要想让决策符合产品的市场利益，就必须要保持与基层员工的沟通。"

杜伟男点点头，说道："您说得对，再完美无缺的计划，如若离开了基层员工的智慧，也不过是无法实现的空中楼阁罢了。"

戴明导师笑着说道："不错，你说得很对。沟通的目的就在于传递信息，管理者能通过沟通对员工进行更好的管理；员工也可以通过沟通将真正有价值的建议传达到管理层和决策层。"

"那，管理者应该怎么跟员工建立有效沟通啊？"刚才的女生问道。

戴明导师笑意盈盈，说道："你看，身为管理者，他们需要让基层员工对所接到的命令进行及时反馈，这样才能在源头扼杀彼此间的误会。"

"管理者应该用什么方式让员工进行反馈啊？"女生问道，"难不成，还要专门成立一个反馈机构？那样也太烦琐了。"

"不用这么麻烦。"戴明导师说道，"管理者向基层员工布置一项任务后，可以直接问一句'你们明白我的意思了吗？有问题可以提出来'。如果员工都表示明白了，管理者可以从中挑选一人，让其复述一遍任务内容，如果他能复述出来，就证明任务下达是明确的。以后，即便有其他员工不明白任务，去问这个员工就行了。"

"确实，在源头上控制，总比活儿干了一半才突然发现干错了要强。"女生说道。

戴明导师愉快地拍了拍手，说："是啊，所以说，控制真的是很重要的管理手段。为了更好地进行控制，管理者在下达命令时，也需要使用员工能听懂的话。比如有些领导，觉得自己身为管理者，需要用一些高级的词汇、英文或'行话'来交流。殊不知，员工根本不会觉得你的'行话'多高级，反而会觉得你在卖弄，而且也听不懂你要传达的命令。"

"哎，您说得太对了。"女生说道，"我们那个领导就是这样，动不动就说英文，发音还特别不标准，大家都听不懂她想说啥。"

大家听了，都有些忍俊不禁。戴明导师则哈哈大笑道："那我可以给你们领导出个主意，下次沟通前，你们领导可以先把任务内容打印成书面稿，这样一来，你们能看明白具体内容，她也会觉得比较正式。"

女生听完连连点头，说："太好了，我回头就跟她沟通一下。哎，我是真害怕跟她说话，有时候，本来我都打好了草稿，结果一看见她我就吓得什么都说不出来了。"

"看来你们领导很强势啊。"戴明导师笑着说，"这可不好，如果管理者太强势，又在控制方面没有做好，那员工根本就不敢往上反映，这也难怪你们团队绩效较弱了。"

刚才的眼镜男叹了口气，说："听了这位女士的话，我也觉得我在工作中做得不够好，我的员工可能对我也会产生恐惧心理吧。"

图 5-3 驱散员工的恐惧心理

戴明导师安慰道："虽然我不知道你们公司是什么情况，但我在十四条管理原则中说过，每个员工都是能够为企业进行有效工作的。如果他们的恐惧感强，那工作效果就差，而且，恐惧不仅会拉低效率，还会产生谎言、敷衍等问题，最后让企业付出沉重代价。其实，说到上级对下级的控制，主要还是要依靠沟通。毕竟，沟通是消除彼此隔阂的妙方嘛。"

眼镜男犹豫了一下，举起手道："戴明导师，除了沟通，还有没有其他消除隔阂的方法？我觉得我还挺有亲和力的，不管是长相，还是性格，可是不知道怎么的，我手底下的员工见了我，就像老鼠见了猫似的。"

戴明导师哈哈大笑，声如洪钟道："那你可得好好学学控制管理了，要想消除隔阂，你得找对方法——"

第三节　消除隔阂的妙方

"找对方法？"眼镜男那藏在镜片后面的双眼一亮，说道，"您具体说说。"

戴明导师说道："消除隔阂是指管理者要学会跟员工进行沟通，当然，控制管理光靠上下级沟通还不够，还要让部门与部门之间做到通力合作。在控制管理中，消除上下级之间的隔阂是较为容易的，我们也先来讲解这一部分。"

戴明导师喝了口水，对眼镜男提问道："你应该知道，每个人都是不同的，他们的性格、思维、能力等方面也都是不一样的。同样的控制方式，对员工甲适用，但对员工乙可能就行不通。我且问你，对性格倔强刚毅的员工，你会采用什么沟通方式？"

"性格刚毅？嗯……就直接沟通呗。"眼镜男显然没想过这个问题。

戴明导师摇了摇头，说："你看，这类员工通常能吃苦，工作也比较踏实。如果他们自己不主动找管理者沟通，那么管理者的沟通一般很难收到效果。由于他们倔强，即便管理者用身份压住了他们，让他们表面上服从了，但暗地里，他们仍然不会按管理者的要求做事。我行我素就是这类员工的明显特征。因此，你在对付这类员工时，一定要引导他们发现自己的问题，而不是劈头盖脸地训斥他们一顿。"

眼镜男一琢磨，嗯，有道理。

他想了想，又把问题抛给了戴明导师，说："戴明导师，那您说，跟那种沉默寡言的员工怎么沟通？"

　　"沉默并不意味着踏实，有些员工只是胆小寡断。当管理者与其沟通时，这类员工通常会以为管理者要惩罚自己，反而更加害怕。所以，管理者要采用比较柔和的方式指出他的错误。"

　　"哦，怪不得，他们总这么怕我，可能因为我对谁都是一个态度。"眼镜男颇为无奈地说道，"还是跟爽快点的员工沟通比较舒服。"

　　戴明导师摇摇头："不一定哦，通常来说，外向爽快的员工会更加粗心，当他们犯错时，也会把错误'大事化小，小事化了'。因此，管理者在与他们沟通时，要注意使用更为严厉的口吻，不要拐弯抹角地提建议。"

　　"那，要是碰见特别傲慢的呢？"一个女生问道。

　　眼镜男显然是个暴脾气，说道："那就直接开了呗，跟领导还敢傲慢。"

　　戴明导师赶紧说道："那可不行啊，一些有才华的员工，通常在性格方面会显得比较傲慢。这时候，管理者要有意无意地展露自己的才华，在沟通时，先表扬对方的优点，满足了他们的虚荣心后，再提出需要改进的地方。跟自尊心强的员工沟通时，也要注意这一点。"

　　眼镜男不好意思地笑了笑，说："哎，我就是说着玩儿的。那，跟做事拖拖拉拉的员工怎么沟通啊？我跟这样的人谈话，就感觉是拳头打在棉花上，起不到任何作用。"

　　戴明导师想了想，说道："这样的员工态度淡漠，你可以使用激励管理法对其进行控制管理。总之，管理者在面对不同类型的沟通对象时，一定要使用不同的方式，因人而异才能达到有效沟通的目的。（如图5-4所示）"

图 5-4　消除隔阂的管理者

　　眼镜男点了点头，说："您说得对，之前是我疏忽了。其实，不少管理者都对沟通问题不太重视，总觉着员工只要按照命令做好分内的事就行，没有什么沟通的必要。但其实不是，跟员工的对话是十分必要的，尤其是跟优秀员工进行对话，这也是我们笼络感情的重要方式。"

　　"你能这么想，我真的很欣慰。"戴明导师笑着说道，"这证明我这课没白上啊。"

　　大家都笑了，李彬问道："戴明导师，我觉得我也不是个好的沟通者，但是我想了想，又找不到自己失利的原因，您能帮我分析一下吗？"

　　戴明导师点点头，说："我试着帮你分析一下，你看看这些情况中有没有你能对号入座的。第一种原因，管理者的沟通方式比较老套。管理者没有采取因人制宜、因事制宜的管理方式。这类管理者通常会采用会议、汇报等传统的沟通方式，员工的沟通需求完全得不到满足。"

李斌想了想，说："确实，我比较喜欢用会议形式来沟通问题，第二种呢？"

戴明导师愉快地说道："第二种，就是管理者的沟通方式缺乏互动。一般情况下，管理者都会把自己的想法传达给员工，但却没有耐心或愿望倾听员工的想法。这就造成了沟通一边倒，沟通效率不高。"

"是啊，我喜欢采用会议的形式进行沟通，就等同于缺乏互动了。"李彬感慨道。

"不错，但如果采用 0 互动的方式进行沟通，那么领导想传达给员工的信息中，只有 25% 左右能被员工理解，其余的命令，员工们也都是一知半解的。"戴明导师摊手道。

杜伟男在一旁说道："看来领导也不好当啊，忙碌之余，还要顾着与员工沟通。"

戴明导师笑着说道："不过，与员工沟通也是让公司变好的方式嘛。再有，第三种原因就是管理者的沟通方式与员工的认知存在差异。由于管理者与员工在认知层面存在差距，所以导致双方对问题的看法或理解有所不同。比如管理者会把主要精力放在对外部的沟通上，这就会造成员工不理解管理者决策的意图，也会造成上下级意见不统一。"

李彬皱着眉头道："这就跟中层管理者有关系了吧。一般来说，我们会把命令告诉下面的管理者，而后由他们与员工沟通。看来，我们回去要严抓这个沟通问题了。"

戴明导师笑眯眯地说道："是啊，还有最后一种原因，就是管理者在沟通技能上有所欠缺。有些人原本就性格内向不愿说话；有些人跟谁说话都很高傲；还有些人天生暴脾气，让员工看了就害怕。这也难怪沟通出现问题了。"

大家又笑了起来，李斌想道："嗯，这最后一条跟我没关系，我还是很亲和的！"

戴明导师喝了口水，然后笑着说道："刚才我说了，部门与部门之间的通力合作，也是控制管理中至关重要的一部分，下面我们就来讲一讲这部分。"

第四节　控制就是通力合作

"所谓通力合作，就是让各部门之间相互协调，互为辅助。这样才能达到'1+1>2'的效果。"戴明导师说道，"通力合作也是控制中至关重要的部分。不管是什么类型的企业，都需要打破部门间的障碍，让合作与竞争并行。"

杜伟男说道："戴明导师，我是做酒店的，但现在旗下也有不少延伸产业。可是，除了采购部跟其他部门能通力合作外，其他的部门好像都是独立的啊。"

李彬点点头，也在一旁补充道："是啊，人事部、业务部、生产部、行政部、采购部，这些部门看起来都是各司其职的，也只有采购部能跟其他部门有点交际了。"

"不，非也非也。"戴明导师伸出食指摇了摇，说道，"部门之间能否通力合作，是直接影响企业运转效率的大事啊。（如

图 5-5 所示）如果你们还没意识到部门间缺乏合作，那就证明你们的管理机制出现了问题！"

图 5-5　部门间的通力合作

有这么夸张吗？杜伟男和李彬被吓了一跳。

只见戴明导师继续严肃道："你们看，企业运营就像农夫耕田一样，第一步就是要分工明确。各个部门就像家庭成员一样，要分清谁去耕地，谁去播种，谁去灌溉，谁去施肥，等等。这些分工不可能由一人独立完成，比如播种的时候，施肥和灌溉的人也要从旁协助；再比如耕地的时候，前面的人也要等一等后面播种的人。如果分工出现绝对化，那耕田不仅浪费时间，还无法取得良好收益。"

"嗯，您说得有点道理。"杜伟男承认道。

"孩子，不是有点道理，那是相当有道理啊。"戴明导师声如洪钟道，"你看，如果只有分工而没有合作，就会出现这样的情况：播种的说地还没耕完，耕地的说牛还没买来，买牛的说钱在施肥的那儿，施肥的说钱买了肥料了，让播种的先把种子种下去……部门间相互踢皮球，这就是一团乱麻。"

"您说得对。"李彬心悦诚服道，"可是，各部门间要如何合作呢？"

"我可以给各位一些建议，用以加强各部门间的通力合作。第一个建议，最高领导要改变自己的做事风格。"戴明导师说道，"企业是最容易出现'上行下效'的地方，如果老板本人的做事风格就是我行我素型的，出了问题也只会责怪下属，那各个部门的管理者也会有样学样，以求跟公司的整体风气吻合。"

杜伟男想了想，自己做事还是非常民主的，于是继续问道："那第二个建议呢？"

"第二个建议，就是各部门要建立好先进的沟通体系，做到与其他部门相互协调与合作。"戴明导师强调道，"我个人的建议，是在部门与部门间设置一个局域网，让大家能在共同的平台上交流，这样可以收获到不错的效果。而且，当出现需要各部门协调的任务时，可以直接采用视频会议的形式，让大家一起商榷。"

刚才的眼镜男点点头，颇为骄傲地说道："是呀，我就设置了局域网，大家有商有量地工作，效率真的挺高的，而且也能尽快商量出个结果来，不至于相互推诿扯皮。"

"是呀，你说得没错。"戴明导师说道，"第三个建议，就是多搞一些部门间的聚会啊、团建啊、庆功宴啊之类的，这样才会让员工觉得'啊，我们是一体的，都是这个企业的一分子'。否则，员工只会觉得自己属于某个部门，这样不利于企业的大发展。"

一个女生说道："我们单位就经常搞些跨部门的团建，比如一起爬爬山、吃个饭什么的，气氛都比较热烈。一来二去我们都是熟人了，在工作中需要对方帮忙时，通常情况下打个招呼就行了，又快又简单。"

"哎呀，真不错，这样一来，你们不仅在工作方面有联系，还能在轻松愉快的团建中交流感情。一旦感情交流得多了，你们在工作时就会更为对方考虑，为企业工作也更加勤勉了。"戴明导师笑眯眯地肯定道。

"戴明导师，您还是快点儿说第四点吧！"一位中年男子迫不及待道。

"好好好，这第四个建议啊，就是把部门间的通力合作放在奖惩机制里，以此唤起所有员工的合作意识。"戴明导师狡黠一笑道。

"对呀，我怎么没想到这一点呢。"李彬一拍脑门，说道，"我们公司只设有优秀部门奖、优秀个人奖和全勤奖，确实应该对部门通力合作贡献突出的团队和个人予以褒奖，这样才能让企业上下意识到通力合作的重要性。"

戴明导师笑眯眯地说道："不错，但是这个激励制度有个前提，就是企业员工要对公司制度做到绝对服从。相信每个企业都有行政部门，负责员工的考勤、考核和考评，所以，公司一定要严把行政关。尤其是各部门的管理者，更要以身作则，对规章制度绝对服从，这样才能更好地贯彻这项激励措施。"

同学们都点了点头，刚才的中年男子说道："还有第五点吧？"

戴明导师夸赞道："你的直觉很敏锐。下面我们就来说第五点，也是最后一点，那就是——员工大会。"

“员工大会？”同学们都有些纳闷，这员工大会通常就是誓师大会，一般都是说些精神层面的东西，开员工大会对通力合作有用吗？

戴明导师仿佛看出了大家的心思，笑着说道："员工大会是很有效的控制手段。管理者将阶段性结果和下阶段目标通知下面的员工，让员工一同见证公司的成长与发展，这是很有意义的事情。在这种时候强调部门间的通力合作，也能收到事半功倍的效果。"

大家恍然大悟，如果说团建、奖惩是物质控制手段，那员工大会就是精神控制的方法。

戴明导师喝了口水，继续说道："企业设置不同部门的初衷，就是为了让公司能更好地运营。所以，为了让公司运行得更加顺畅，部门间的通力合作是一定要重视起来的问题。关于控制管理的内容就是这些了，同学们，再会喽！"

人群中立刻爆发出热烈的掌声，送别可爱的戴明导师。

第六章
维克托·H.弗鲁姆导师主讲"激励法则"

本章通过四个小节，讲解了维克托·H.弗鲁姆的激励管理理论要点。在维克托·H.弗鲁姆看来，想让员工更有效率地工作，其实很简单，因为员工跟顶球的海狮并没有什么分别。有些员工适用正面激励法，有些员工适用负面激励法，有些员工适用物质激励法，有些员工适用精神激励法。对于想要了解激励管理是如何运用的读者来说，本章是不可错过的部分。

维克托·H.弗鲁姆

（Victor H.Vroom，1932年至今），著名心理学家和行为科学家，期望理论的奠基人。维克托将心理学与管理学有效结合，成为国际管理学界最具影响力的科学家之一。维克托早年在加拿大麦吉尔大学先后取得学士及硕士学位，后来又在美国密歇根大学取得博士学位。维克托长期担任耶鲁大学管理科学"约翰塞尔"讲座的教授兼心理学教授。他还曾任美国管理学会（AOM）主席、美国工业与组织心理学会（STOP）会长。维克托·H.弗鲁姆教授在2004年获美国管理学会卓越科学贡献奖，在管理学中的激励管理方面做出了突出的贡献。

第一节　我们和海狮没什么区别

上完戴明导师的课，杜伟男回去就开了个员工大会。

李彬笑着调侃道："这阵子咱们修改了不少管理举措，估计高管和员工们都知道，咱们公司要强抓管理了。"

"这就对了。"杜伟男说道，"我还嫌咱们公司的规章制度不够完善呢。就像你上周说的，咱们只有优秀个人奖、优秀部门奖和全勤奖，我想着什么时候再把激励制度好好制定一下。"

"饭得一口一口吃，事儿得一点一点办，你呀，赶紧的收拾收拾，一会儿去晚了又没座儿了。"李彬笑着说道。

谁知道杜伟男不慌不忙地说道："不急，还记得德鲁克导师给咱们上课前，有个叫卢伟的男学生跟咱俩搭话吗？"

"啊，好像是有这么个人，怎么了？"李彬一脸纳闷道。

杜伟男笑道："他早早就去了，而且帮咱们占了两个座位。"

"啊？这不太好吧？"李彬犹豫道，"再说，他为啥要帮咱们占座？"

"他来咱们公司实习了，而且巴不得有给咱们占座的机会呢，有资源就要充分利用嘛。"杜伟男随意地说道。

李彬皱着眉头想了想，说："这不太好，他要是想晋升，大可以走咱们的晋升渠道和激励渠道，拍领导马屁可不是好现象。"

杜伟男知道李彬最看重风气制度，于是赶紧说道："放心放心，这跟晋升和激励没关系，就是顺便的事儿，咱们还是赶紧走吧，这座儿让人家占太久也不好。"

到了礼堂，李、杜二人离老远就看见了挥手的卢伟，卢伟看见杜伟男笑容满面道："杜总，李总，这是给二位占的座。"

李彬皱着眉头说道："这样不太好吧？还有很多没有座位的学生呢，这对其他来得早的同学不公平吧？"

卢伟赶紧说道："李总，座位是我跟其他两位同学占的，所以座位上一直有人。我们也是花了相同的时间成本的，我们来得更早，所以对其他同学也是公平的。他们一会儿还有约会，我们只是连续使用了这三个座位而已。"

李彬也没话说了，但总觉得哪里不好。

正在这时，一个苍老的声音在李彬后面响起："小伙子，你就坦然接受吧。换个角度想，有这样的员工能随时揣摩领导心意，你就有更多的精力去处理其他事情了，不是吗？你们只要不是心照不宣地做坏事就好了嘛。"

嗯，有道理。李彬回头正要说话，却发现全礼堂的人都在瞠目结舌地盯着这边——刚才说话的竟然是维克托·H.弗鲁姆，那位著名的期望理论的奠基人！

看到弗鲁姆导师，杜伟男也笑了："天啊，太荣幸了，看来今天结束后，我能着手解决激励问题了。"

弗鲁姆导师也露出个荣幸的微笑，然后彬彬有礼地说道："各位好，我正式介绍一下自己——想必在座的有些朋友是听说过我的——我叫弗鲁姆。"

说着，他在黑板上写了两个词：人类，海狮。

"有谁能告诉我，人类跟海狮的相同点吗？"弗鲁姆导师问道。

"都是活的！"一个男生嚷道，其他人哈哈大笑起来。

弗鲁姆导师也被逗笑了，说道："再说得深刻一点，尽量从管理学的角度来看。"

"唔，'糖跟鞭子'对人类和海狮都很有效？"坐在卢伟前面的扎双马尾的女生试探着说道。

弗鲁姆导师立刻赞许道："不错，你说得对，上一个国家的孩子们得出这个答案，要比你晚了5分钟，相信未来的你一定是个优秀的管理者。"

"这就开始用精神激励法了！"杜伟男佩服地想道，"看来这堂课很值得一听啊。"

弗鲁姆导师说道："在我看来，管理员工跟驯化海狮是一样的。当他们表现良好时，我们要用奖励的方式激励他们；当他们消极懒怠、出现问题时，我们则要用惩罚的方式让他们回归正轨。（如图6-1所示）总的来说，就是奖优罚劣、奖勤罚懒、鼓励上进、鞭策落后。"

图6-1　善用激励措施

杜伟男听得连连点头，又问道："弗鲁姆导师，这个激励措施到底应该怎么制定呢？"

弗鲁姆导师微笑道："别急，我们先来讲讲激励措施的'度'。大家都知道凡事都有两面性，激励措施也不例外。我们先看好的结果，当激励措施符合预期时，员工会应公司的要求发展自己，充实自己，感念企业为自己带来的机遇，继而为企业做出更多贡献。"

"那不好的结果呢？"卢伟在一旁替杜伟男问道。

"这不好的结果，就是激励措施不符合预期。比如企业老总把'饼'画得太大，员工在没吃到之前，心里对这个'饼'还有个幻想，等真的拿到手里一看，原来只有芝麻大小，于是失望离职。"弗鲁姆导师无奈地摊手道，"还有一种就是激励措施与员工行为不匹配。比如公司倡导员工甲的行为，但并没有就此对员工甲给予相应的奖励，反而对员工乙的行为进行奖励。如此一来，只能强化员工乙的行为，同时暗示员工甲的行为不重要。结果就会导致员工们做的工作从来不是管理者要求的，而是管理者激励的。"

"这一点我倒是深有体会，"李彬在一旁说道，"我们公司有全勤奖，但是其他激励措施尚不完全。这造成的结果就是——员工 A 保质保量地完成工作，没有奖励；员工 B 工作做得一般，但只要按时坐班就能拿到全勤奖。这种措施会让公司形成一种'形式主义'风气，拉低企业的运营业绩。"

"是啊，你说得很对。"弗鲁姆导师说道，"正确的激励逻辑包括四点：建立激励环境，明确激励方向，设计激励方案，实践反馈优化。"

"所谓建立激励环境，就是要让员工明白领导画的饼是确实存在的，而且他们可以分到一块儿，"弗鲁姆导师说道，"明确激励方向就像你刚才说的，要让员工感受到公司最重视的方面是什么。设计激励方案就是制定具体的激励措施，实践反馈优化则是在相关制度实施后，管理者要对比分析看制定的规章制度有无效果。"

杜伟男点点头，还没来得及说话，旁边的卢伟就说道："按照这些原则制定相关激励制度时，有没有什么需要特别注意的？"

弗鲁姆导师笑着说道："当然，这第一条就是——赏罚分明！"

第二节　谁动了我的"奶酪"？

赏罚分明？同学们一听这个词顿时面面相觑，这不是废话嘛，当管理者的谁不知道要赏罚分明啊？

弗鲁姆导师仿佛会读心术般，说道："是啊是啊，这句话是老生常谈了，但我们还是要谈一下。为什么呢？因为企业就像一支军队，如果赏罚分明，就能提高整支军队的战斗力，提升企业的市场竞争力以及企业运转的高效力；如果企业赏罚制度不明，一切规章就等同于虚设，企业也会走向下坡路。我为什么一定要强调这句话呢？因为现在很多管理者都是赏罚不明的！"

听到这句话，一些听众不由得低下了头。

确实，每段关系都是有亲疏远近的。对于管理者来说，悄悄给领导的亲戚朋友们通融通融，给自己的心腹员工一点儿福利，这些都是再正常不过的事情了。但在员工看来，这种行为就是不可原谅的了，毕竟在雇佣关系中，没有哪个员工乐意别人动自己的"奶酪"（如图6-2所示）。

图 6-2　不要动员工的"奶酪"

　　"想必有些朋友已经明白了我的意思。"弗鲁姆导师说道，"如果员工有功劳，但却不能获得奖赏，那员工肯定会产生怨怼心理，陷入懒怠的情绪中，失去的工作对积极性和主动性。久而久之，员工就会因为有功无赏，而降低自己的工作效率，员工会觉得自己没必要这么拼，最终影响企业的运转。"

　　喝了口水，弗鲁姆导师继续道："相对应的，对于一些关系户来说，当他们出现差错时，我们也要做到过必罚。如果这个公司一定要因为私人感情而因私废公、有过不罚，那员工待在这家公司也没什么前途，不如尽早跳槽的好。"

　　李彬当即表示赞同，他是最在乎公司风气和个人风气的，为了保持公司风气的纯净，他拒绝了所有亲戚朋友的求职意向。

　　在他看来，企业的奖罚制度一定要恩威并施。如果员工取得成绩，管理者要及时给予奖励，即使物质奖励没有到位，也要及时给予口头肯定，以激励下属取得更优异的成绩；如果员工犯错，管理者要公正地批评和惩罚，目的是让员工认识到自己的错误，起一个警醒的作用。最重要的是赏罚制度一定要公平，不然会引发员工心理不平衡，导致局面变得混乱。

"再有一点，就是管理者不能搞'亲疏远近'那一套。"弗鲁姆导师严肃地说道，"如果管理者公私不分，好坏不明，对犯错的员工不给予惩罚，对有成绩的员工不予肯定，员工就会对管理者产生意见。长此以往，管理者在员工心中的形象下滑，企业的规章制度也就形同虚设了。"

"是啊，您说得太好了。"李彬忍不住说道，"在企业管理中，赏罚分明的原则一定要坚持不动摇。制度一旦确立，就需要赏罚分明来维护制度、维护企业。（如图6-3所示）这样才能让企业走得更加长远。"

图6-3　赏罚分明

杜伟男看着李彬激动的样子，赶紧问道："弗鲁姆导师，那我们应该怎么做，才能让企业形成赏罚分明的风气啊？"

看着杜总开口，卢伟很是懊恼，似乎在怪自己没有及时揣摩到杜总的心意。

弗鲁姆导师笑眯眯地指着李彬说道："这第一点嘛，就是要像这位同学一样，以身作则，这是让员工认同公司的第一方法。领导和管理者只有以身作则，才有底气在员工触犯规章的时候对其进行惩处。而且，这里有一个要诀，就是处罚必须具备'即时性'，当场抓到当场处罚，绝对不能秋后算账。"

李彬不好意思地点点头，不过，自己在这一方面确实做得很不错。

"第二点就是制定后续跟进措施。比如在奖励和惩罚结束后，管理者要持续跟进。如果员工能连续获得奖励，那么管理者要给予员工更优渥的奖赏；如果员工连续犯同样的错误，那么管理者要对其予以更严厉的惩罚。但是，这个惩罚和奖励都要把握好尺度。"弗鲁姆导师提醒道。

"还有最后一点，就是奖惩制度都要在法律法规和道德规范允许的范围内，不要做出错误的奖励和惩罚，否则会影响企业形象和员工士气。"弗鲁姆导师强调道。

"就像炉火一样。"扎双马尾的女生说道。

看着弗鲁姆导师和大家不理解的表情，扎双马尾的女生赶紧解释道："我是说，企业氛围和赏罚制度就应该像炉火一样，因为炉火的本意是给予人们温暖，而不是烫到别人。"

"噢！这个比喻真不错，我很喜欢！"弗鲁姆导师微笑道。

李彬也赞赏地看了看扎双马尾的女生，确实，一方面，企业要鼓励员工行使权利和义务，让员工就惩罚制度提出合理化建议，并积极寻找替代惩罚的办法；另一方面，企业要建立激励型管理机制。只有当员工深刻感受到遵纪守法带来的好处，才能对惩罚机制表示理解，才能有"我错了，我认罚"的坦然和勇气。

"没想到这个女生的见识很独到，以后肯定是个优秀的管理者。"李彬身子一边想，一边往前倾了倾，看到女生的本子上写着她的名字——纪天敬。

看着李彬看纪天敬的样子，杜伟男露出一个意味深长的笑容。

弗鲁姆导师继续说道："我听一位中国朋友说过，'小舍小得，大舍大得；不舍不得，有舍有得'。这话虽然绕口，但经过他的一番解释，我觉得这句话真的很对。因为在管理过程，很多问题就出在这'不舍不得'上了。比如有个领导，打算拿 100 万元给员工当奖励，突出贡献奖奖励 20 万元，先进个人奖奖励 10 万元，优秀员工奖奖励 1 万元。可是，他突然觉得突出贡献奖的资金太高了，于是改成了突出贡献奖奖励 5 万元，先进个人奖奖励 3 万元，优秀员工奖奖励 1 万元。当突出贡献奖获奖者满怀欣喜地上台领奖时，发现自己拿的跟先进个人奖的奖金差不多，他会是什么心理？"

"……卸磨杀驴，"一个男生吐槽道，"立马跳槽？"

"差不多，总之，他肯定会觉得公司不在乎人才，往后即便不跳槽，也不会好好工作了。"弗鲁姆导师摊手道。

"是啊，这也是动了员工'奶酪'的例子啊。"另一个男生说道，"我年后准备跳槽了，我们公司只给我 3 千的月薪，但我每个月'996'不说，干的工作也经常不给钱。在其他公司，我这个贡献量至少是 1 万月薪。老板这么抠，这公司迟早要完蛋，我还是赶紧走吧。"

"你们公司老板真是完全不懂管理学。"弗鲁姆导师说道，"他肯定经常'画大饼'吧？"

"每天都在画。"男生扶额说道。

"这就对了。但其实，"弗鲁姆导师严肃地说道，"在雇佣关系中谈交情的都是小人，直接谈钱的反而是君子。毕竟，员工只有吃饱了，才有心思跟老板一起憧憬未来。"

男生叹了口气，说："是啊，哎，还是动不动就拿钱当奖励的公司好啊。"

"不，这倒并不是。"弗鲁姆导师摇摇头，"相反，现钞是管理学中最拙劣的奖励方式——"

第三节　现钞是最拙劣的奖励方式

一听弗鲁姆导师这话，男生立刻反驳道："哇，不是吧，现钞还拙劣？我真希望有公司能一直这么'拙劣'地对待我！"

大家哄堂大笑，男生虽然说得直白，但却有道理，毕竟，谁都不会跟钱过不去。

"当然，物质奖励一定是基础，但光有物质奖励还是不够的。"弗鲁姆导师说道。

"如果您是想说，还有'画大饼'，那还是算了吧，我'大饼'都已经吃撑了。"男生露出为难的神色。大家又笑了起来，只是笑容里都带了些无奈，看来平时的'饼'都没少吃。

只见弗鲁姆导师说道："我并不是说'画大饼'，那都是虚无的东西，我说的是对员工真正具有吸引力的东西。比如对于你来说，最吸引你的是钱，但是对于其他人来说，可能更吸引他们的是荣誉。"

纪天敬点了点头，说："给员工的奖励一定要有吸引力。记得有一次，我们单位派我去深圳演讲，我完成得很顺利。于是大领导奖励我跟深圳一位很有名望的企业家一起吃晚餐。我有很多同僚都觉得这个奖励不好，还不如给点儿钱实在。可是我很喜欢这个奖励，因为很多人都没有机会与这位企业家一起吃晚饭。后来，我还把和他一起吃饭的照片摆在了办公桌上。"

弗鲁姆导师温和地笑了笑，说："不错，所以巴菲特的午餐邀请的价格才能拍到这么高。"

"总的来说，我们在对员工予以奖励时，一定要注意物质奖励与精神奖励同步，不要进行单一的奖励。"弗鲁姆导师继续说道，"根据相关调查，世界上90%以上的人都对物质和精神有共同的追求。如果只给予精神奖励，就会让团队没有战斗力和生命力；如果只给予物质奖励，虽然能让人充满动力，但也会让人性的责任和奉献变得模糊。"

"您说得有道理，毕竟物质激励是满足人们物质欲望的东西。当满足员工的物质需求后，就需要从精神层面对员工进行激励。"一个女生说道。

"不错，人嘛，在获得温饱之后就开始有其他欲望。在职场上，人们最需要的就是证明自己，寻找自己的价值（如图6-4所示）。"弗鲁姆导师说道，"所以，精神激励更适合高级员工和管理者，物质激励更适合基层员工。"

男生点了点头，说："可是，除了'画大饼'外，我实在想不出其他精神激励的方法了。"

弗鲁姆导师同情道："看来你们公司真是把你压榨得不浅啊。这个精神激励分很多种，对于基层员工来说，我们适当放权给他们，就是一种很好的激励方式。比如某个员工工作完成得非常优秀，那我们就可以说'你的能力很不错，我记住你了，希望你能再接再厉。同时，你能力强，也要帮你们部长分担一些监管工作，有什么问题可以直接汇报给我'。"

这是你们努力工作的奖励

得了奖金为什么不那么开心呢

我还是更想得到大家的肯定

原来有人更注重精神层面的奖励

图 6-4　注重精神层面的奖励

"哇，这也太厉害了吧！"男生一脸佩服，说道，"虽然您没有明确说什么，但在我听来，这就是要把我当成下一任部长来培养啊！我听了都觉得热血沸腾，立刻就想投身工作，更何况是被夸赞的员工本人。"

"哈哈哈，你太夸张了，我只是举了一个例子。"弗鲁姆导师笑着说道，"类似的激励方式还有很多。但是，我们在对员工进行精神激励时，也要注意与物质激励相结合，如果精神激励不是以物质激励为基础的，那就跟'画大饼'没区别了。"

男生点了点头，说："我之前读过一点心理学，其中有一个内容叫'马斯洛需求层次理论'，我觉得在管理学方面也很适用。'马斯洛需求层次理论'将人类的所有基本需求划分成五个层次，分别是生理需求、安全需求、社交需求、尊重需求和自我实现需求。当满足员工的前两层需求后，公司就要以后三层需求为主，对员工进行精神激励了。"

"看，你这不是理解得很到位嘛。"弗鲁姆导师赞许地说道，"没错，虽然马斯洛划分的五个层次的需求并不一定是按照这样的顺序排列的，但大多数情况下，当面包、爱和关怀放在一个饥寒交迫的人面前时，任何人都会选择面包。可当这些放在一个拥有足够吃的面包的人面前时，他就会率先抛弃面包，而从爱与关怀中选择一个。"

"总的来说，就是对基层员工要以物质激励为主，精神激励为辅；对管理层则要以精神激励为主，物质激励为辅；小公司对员工要以物质激励为主，精神激励为辅；大企业对员工应该以精神激励为主，物质激励为辅。"男生摇头晃脑地总结道。

弗鲁姆导师笑着说道："总结得非常到位。所以，企业奖励给员工的东西一定要选他想要的，而惩罚也一定要选择让他痛苦的。有的员工说'公司奖励我了，我怎么还是没有动力呢？'那是因为企业给予员工的奖励没有吸引力，奖励的不是他想要的。"

同学们纷纷点头，是啊，毕竟适合的才是最好的。大家都喜欢钱，但有些人喜欢荣誉这类奖励就胜过喜欢钱。

"不仅如此，处罚也要讲究艺术的，我还是通过举例子的方式来讲吧。"弗鲁姆导师想了想，说，"这一条主要是讲"变罚为奖"，企业可以通过有奖检举不良行为。比如某大型信贷公司一楼有个小花圃，里面的花卉非常珍贵。但员工素质参差不齐，大家路过花圃时都想摘一朵。起初，公司管理人员采取的是'一旦发现，罚款 500 元'的措施，但收效甚微。后来，一位管理者灵机一动，改成'凡检举破坏花卉者，奖励 500 元'。从此以后，这一现象逐渐销声匿迹。因为这种方法激发了公司员工共同参与管理的积极性，让破坏花卉者产生了被监督的惧怕心理。"

"这真是太妙了，很值得借鉴！不过，说到处罚，我发现我们公司似乎太温柔了，"李彬说道，"以致很多员工似乎都不在乎处罚。就拿迟到这件事来说，有些员工根本不在乎迟到扣的那点儿钱。"

弗鲁姆导师拍手说道："你说的问题，恰好是我接下来要讲的——"

第四节　你的惩罚，他真的在乎吗？

同学们一听，立马都把耳朵竖了起来。

可弗鲁姆导师却慢悠悠地说道："在此之前，我先给大家讲个故事。有一个英国贵族，他给自己的坐骑配备了最好的装备，除了崭新锃亮的马鞍，还有精心打造的马蹄铁，漂亮的辔头等。可是，不管这位贵族的马装备得多么奢华，可在速度方面它仍然没有任何长进。这位贵族百思不得其解，另一个贵族说'你给了它这么多奖赏，却忘了买一根敦促它的鞭子'。"

同学们恍然大悟，确实，惩罚制度真的非常必要。对于马匹来说，鞭子就是鞭策它成为骏马的手段。对于员工来说，惩罚就是敦促他们变得更好的方式。

"从管理学角度看，惩罚措施又可以统称为负向激励。就是使用批评、处罚等方式，来杜绝某类行为的发生。用通俗易懂的话来说，负向激励就是通过惩罚来达到目的。企业实行负向激励的主要目的，在于让员工产生危机感，同时让员工保持良好的行为习惯。其主要形式有批评、罚款、降职等。"弗鲁姆导师说道。

"那为什么说负面激励员工会不在乎呢？"刚才一直强调"画大饼"的男生说道，"正常来说，只要是惩罚，或多或少都会让员工觉得在意吧？"

弗鲁姆导师摇了摇头，说："你这么想就太天真了。打个比方吧，你昨天晚上打游戏打到凌晨 2 点半，早上 7 点的闹钟响起后，你并没有起床，一直到 8 点才睁开眼睛。这时候，你立刻坐车赶到公司还来得及。此时，如果你公司对迟到的惩罚措施是罚款 200 元，你就会想：200 块钱跟我的睡眠相比，还是睡眠重要。所以，这个惩罚措施对你无效。但如果你公司对迟到的惩罚措施是当着全公司的面写检讨，你可能就会立刻爬起来去上班。相反，如果你是个非常爱财的人，当公司让你作检讨时，你可能觉得无所谓还挺乐呵；但如果要罚你 200 元，你可能就会立刻窜出被窝争取准时到公司。"

男生想了想，说："哎，您说得对，要是迟到罚款 200 元，那我肯定不会迟到的。"

弗鲁姆导师笑着说道："所以呀，管理者适当地使用负向激励，就能让团队更有效地执行任务。但是，在使用负向激励时，管理者应当注意几点原则，不然负向激励不但不会激励员工，还会让员工失望。首先，管理者在执行负向激励时不能因私废公，要做到人人平等。相比表彰这类的正向激励，负向激励更容易让团队出现人心不稳的情况。两个人同时立功，管理者只奖励其中一人，另一人倒不会太难受，充其量就是在背后吐槽两句。但如果两个人同时犯错，管理者只惩罚一个人，那另一个人恐怕当时就会爆发。"

李彬点点头，道："所以说，这个公司的风气一定要严抓，否则就会让管理者的权威受损，甚至让规章制度形同虚设。"

弗鲁姆导师对李彬笑了笑，继续说道："其次，管理者就要像这位同学一样，以身作则。再次，负向激励要把握力度和尺度。（如图 6-5 所示）如果对员工实施的负向激励太多，员工就会感到没有安全感，还会让上下级之间的关系紧张，也会破坏团队的凝聚力。如果管理者制定了过于严厉的负向激励措施，就容易伤害到员工的感情，让员工成日处在战战兢兢的状态，这样对任务的完成不利，也会抹杀员工的创新能力与积极性。"

图 6-5　负向激励要把握"度"

"但是，如果管理者制定的负向激励措施太轻，员工们就容易忽视它。如果处罚与不处罚相差不多，就不能对员工起到震慑作用。"卢伟抢在杜伟男前面说道。

弗鲁姆导师笑着点点头，道："正是如此。所以，管理者在使用负向激励时，一定要注意把握'度'。最后，管理者需要将物质负激励与精神负激励结合起来。物质方面的负向激励与精神方面的负向激励，都是管理者进行管理不可或缺的部分。只有两者结合，才能产生更好的效果。"

卢伟说道："可是，如果在同一个团队制定两种惩罚措施，会不会让人觉得不公平？比如有人会问，'凭什么我迟到就罚钱，他迟到就做报告？'"

杜伟男一撇嘴，心里说："这个卢伟，还真像是别人肚子里的蛔虫，自己刚想问这个，这小子就说出来了。"

"这个你放心。"弗鲁姆导师说道，"公司有公司的制度，那就是——有过必罚。在公司制度下，管理者完全可以制定多个小制度。只要提前沟通好，员工也能接受这个惩罚措施，那后面不过是按规矩办事。何况，如果员工不违反相关的规章制度，迟到是罚钱还是写检讨，就都跟员工没关系了。"

这倒是，在职场中，员工要做的不是在惩罚方面讨价还价，而是在源头处避免被惩罚。

"总而言之，我们在制定惩罚措施时，一定要保证这个措施对员工有效。"弗鲁姆导师强调道，"毕竟，负向激励的目的就是鞭策员工进步，如果相关措施无效的话，那我们制定这些惩罚措施不就是费力不讨好了吗？"

同学们纷纷点头。看到大家受益良多的样子，弗鲁姆导师笑着说道："好，今天的课程就到这里了，大家，晚安！"

同学们立刻起身鼓掌，李、杜二人和卢伟也站起来准备出门。

走到门口，杜伟男对毕恭毕敬地站在一旁的卢伟说道："小伙子，你真的很会察言观色啊，能事事思虑周全，但你把时间都用在揣摩领导心思上，就会耽误本职工作。我看你也别去开发部了，我正好缺个秘书，你要是觉得可以，明天就去行政处报到吧。"

卢伟一愣，李彬暗自为杜伟男的决策点了个赞，看来老杜还是没有被马屁拍昏头脑的嘛。

卢伟想了想，垂头丧气道："谢谢杜总栽培，我……我还是再考虑看看吧。"

杜伟男点点头，跟李彬坐上了回公司的车，心想："不知道下节课又是哪位导师来讲呢？"

第七章
乔治·埃尔顿·梅奥导师
主讲"人际关系"

　　本章通过四个小节，讲解了乔治·埃尔顿·梅奥的人际关系管理理论的要点。在乔治·埃尔顿·梅奥看来，如何厘清这些人际关系，如何运用这些人际关系，就是管理者亟待解决的管理问题。为了帮助读者更好地理解乔治·埃尔顿·梅奥的人际关系管理理论，作者将乔治·埃尔顿·梅奥的观点熟练掌握后，以风趣的方式和简单易懂的语言文字呈现给读者。

乔治·埃尔顿·梅奥

　　（George Elton Mayo, 1880—1949），美国管理学家，原籍澳大利亚，早期的"人际关系学说"的创始人，美国艺术与科学院院士。在乔治·埃尔顿·梅奥看来，企业管理就是对人的管理，有人的地方就离不开错综复杂的人际关系。乔治·埃尔顿·梅奥出生于澳大利亚的阿得雷德，20岁时，在澳大利亚阿得雷德大学取得逻辑学和哲学硕士学位，后来在昆士兰大学讲授逻辑学、伦理学和哲学，成为澳大利亚心理疗法的创始人。

第一节　给你的"吐司"加点"果酱"

"等等，今天我们带着另一个人，一同去听。"杜伟男坏笑道。

"嗯？谁啊，那个卢伟？"李彬心不在焉地问道。

"进来吧——"杜伟男冲门外喊了一声，一个留着长发的女生走了进来。

"纪天敬？"李彬下意识地说出了女生的名字。杜伟男听了笑意更浓。在杜伟男的催促下，李彬跟纪天敬坐到了车上，三人匆匆往礼堂赶去。

由于杜伟男的特意安排，三人到礼堂的时候已经晚了，只好站在离讲台较近的地方听讲。李彬脸色微红，有点不敢看女生的侧脸。

正在这时，一个西方面孔的中年人匆匆走上讲台，解释道："哎呀抱歉抱歉，各位，我来晚了。有几个中国朋友非要叫我喝茶，你们看，这社交真是无处不在。"

说完，他擦了擦汗，给大家展露了一个大大的笑容。

杜伟男发现这个人长得有些喜庆，嘴角似乎总挂着笑意。

"大家好，我叫乔治·埃尔顿·梅奥，今天由我给大家讲述管理学中的人际关系管理。"梅奥导师整理了一下领带说道，"职场中的人就像一片片吐司，这人际关系啊，就像是吐司上的果酱一样。夹着果酱吃，总比干啃吐司要好。"

"员工间的人际关系我可以理解，管理者也需要人际关系？"一个穿白衬衣的男生问道。

　　"当然啦，我之前做过一个访谈试验——其实就是个访谈活动。试验表明，管理者关注人际关系后，员工的士气和劳动生产率都会获得有效提升。为了探究管理人员该如何利用人际关系改进管理方式，我专门制定了一个征询职工意见的访谈试验，为期两年，在这两年时间内，试验人员对全厂的两万名职工进行了访谈。"

　　"那结果呢？"穿白衬衣的男生迫不及待地问道。

　　"结果啊，实验人员发现工人会因为管理者关心他们的个人问题，从而提升工作的效率。（如图7-1所示）"梅奥导师笑眯眯地说道，"而且，通过访谈，管理者发现了工人们所抱怨的事情跟实际情况都不太一致。比如某个工人之所以成日抱怨工资低，其实是因为要支付妻子的医药费。当管理者明确表示，会根据这个工人的表现来解决他的个人问题时，他就会更加卖力地工作。"

图 7-1　关心个人的管理者

"啊，这一点我倒是深有体会。"一个戴金丝眼镜的女生说道，"有一次，我们领导在看过我的工作报表后，把我叫进了办公室。他跟我说，我的工作报表做得不太好，他希望能看到我更好的表现，并且问我最近有没有什么烦心的事情。当时我很震惊，因为我没想到领导真的会看到我的工作报表，也没想到领导非但没有批评我，反而关心我的个人问题。从那以后，我就开始更认真地工作了，因为我觉得不能辜负他对我的期待。"

梅奥导师笑着点了点头，还没来得及说话，穿白衬衣的男生就抢着说道："他是领导，肯定没有时间关注你，这不过是他管理的手段罢了。"

本以为女生听了这话会不高兴，谁知，她却很大方地说道："我知道，但他这样的管理方式让我很受用，我个人更愿意服从这样的管理。"

"是啊，是啊，起码这位管理者是真的用心了。"梅奥导师也赞许道，"从你的语气中，我能看出他在员工中的声望也很高吧？管理人员能理解员工、重视员工，在与员工交流时能关心他们，让他们感受到热情。这样的管理者可以促进人际关系的改善，提高员工的士气，真的非常不错。"

李彬点点头，说道："是啊，职场其实就是个微型社会，我们每天除了工作外，就是跟各种各样的人打交道。不管是对待上下级之间、平级之间的关系，还是对待客户，我们都需要一套关系管理方案。"

梅奥导师接过李彬的话，说道："尤其是管理者，他们更需要一套人际关系管理法则，这样才能在员工中树立威信，才能促进工作更好地进行。下面我们就来看一看，管理者应该如何把控职场中的人际关系。"

"这第一条就是坚持以人为本，管理者一定要尊重员工，理解员工，体贴员工，要让员工觉得自己跟管理者在政治地位上是平等的，只是分工不同而已。管理者不能把自己当成主人，反而要把自己当成服务员。因为员工在企业内部的地位本就比管理者低，此时，管理者要拿出更低的姿态，才能让员工觉得自己是被尊重的。"梅奥导师说道。

一个戴金丝眼镜的男生不满道："我们为什么要把员工看得那么高啊？我们给他们发钱，他们拿钱办事，这不是很正常的吗？"

"当然不是。"李彬旁边的纪天敬淡淡地说道，"他们只是拿了劳动报酬，但没必要对管理者毕恭毕敬的，请问您另外支付让他们毕恭毕敬的钱了吗？"

戴金丝眼镜的男生瞪了纪天敬一眼，却说不出反驳的话。

梅奥导师笑着说道："是啊，这位姑娘说得很对。我见过很多大公司的管理者，他们都会将员工看成自己的同事或合伙人。你关心自己的同事，他们也会关心你。在公司遇到困难时，你的雇员会走，但你的同事很可能会留下来，这就是人际关系的力量。"

"可是，"戴金丝眼镜的男生说道，"凡事都要分个主次啊，正职和副职的地位还不一样呢，何况是领导和员工？"

"这就是我要讲的第二点。"梅奥导师依旧是笑眯眯的样子，继续说道，"确实，不管是正职还是副职，在公司里都要摆正自己的位置。我说的摆正位置并不是职场地位，而是指正职要心怀坦荡，学会分权，严于律己，宽以待人。副职要尊重正职，在完成本职工作后，要协助正职进行工作管理，同时也要协调好与同行职位的关系。"

杜伟男点点头，说道："确实，尤其是副职，一定要搞清自己的本职工作。虽然我们希望提高大家的竞争意识，但如果竞争意识跑偏，那就是不必要的内耗了。所以，我们并不希望中管和高管把目光盯在钱上，反而更希望他们把多余的精力放在搞好关系上。"

"是啊。"梅奥导师笑着说道，"管理者管人也不能光靠'发钱'去管，还要靠'关系'去管嘛。"

第二节　用人不能光靠钱，还要靠"关系"

看着大家一脸期待的样子，梅奥导师搬了把椅子，坐在了讲台下面，说："好，今天我们就一起来讨论讨论，具体要怎么做，才能处理好职场关系。不懂的同学也不要紧，可以跟我一起听听大家是怎么想的。好了，大家都有什么好的建议吗？"

"果真是专攻人际关系管理的，之前可没见哪个导师跑到台下讲课。"杜伟男暗自想道。

只见梅奥导师温和地说道："同学们，请你们想一下，职场上跟大家相处得最好的那个人，然后想一下他们的特征。"

刚才那位戴金丝眼镜的男生说道："这有什么难想的呢，一般来说，人缘最好的人肯定是特别热情的呗。"

"不一定，"李彬说道，"我不喜欢一上来就跟你很熟络的人，如果大家不熟，那最好彼此留点余地，可以彬彬有礼，但不要过分热情。"

戴金丝眼镜的男生嗔了一声，不满地看着李彬和纪天敬，说："你们两口子是成心的吧，怎么老跟我唱反调呢？你俩是哪个公司的？我是银河洗浴的总店长，管全 R 市三十多家洗浴中心，接待的全是重要人物。再跟我唱反调，小心你俩饭碗不保！"

一听"两口子"，纪天敬和李彬都红了脸。

倒是旁边的杜伟男冷静地说道："我怎么不知道银河洗浴有你这么号人物？我说小伙子，话别说太满，俗话说'人不能熟太快，话不能说太满'，小心最后办不到打脸。"

眼看这四人成为礼堂的焦点，梅奥导师赶紧出来说道："我说句公道话，从管理学角度看，你们说的都有道理，这本来就是个直抒胸臆的地方，我们还是心平气和地讨论吧。"

戴金丝眼镜的狠狠瞪了一眼杜伟男，他本能地觉出眼前三个人是硬茬，所以没有再吭声，顺着梅奥导师的台阶就下来了。

梅奥导师赶紧说道："刚才已经有同学总结了，人缘好的人就是彬彬有礼且说话不太满的人，大家还有要发言的吗？"

"还有，要学会听别人说话。"纪天敬温和恬淡地说道，"在职场中，人缘好的人通常是稳重的人，他们不会在意别人的评价，也有自己的处事原则。我个人认为，会听的人比会说的人更有人缘。"

"是啊，没错，理当如此。"梅奥导师说道，"就像同学们说的，这些特点是获得好人缘的标配。我们都知道，员工要做到这些才能正确处理好关系，那管理者应该怎么做，才能回应员工的热情呢？"

"前面已经说了，光发钱是不够的，既然这样，那就让他们觉得自己受到了重视，觉得自己在公司发展有前途。"一个女生沉吟了一下说道。

梅奥导师笑眯眯地一拍手，说道："真不错，我总结一下，你的意思就是管理者要做到知人善任，对吗？管理者要善于识别员工、使用员工、爱护员工。"

女生点了点头，说道："还有，管理者还要平衡好各部门员工的关系，不能顾此失彼。（如图 7-2 所示）不能因为某个部门的规模大、盈利多就对该部门员工格外优待。我是负责研发部门的，工作时间是'996'。研发部门的重要性不必我多说了，但我们部门员工却不受重视，反而是销售部员工待遇高、福利好。销售部员工就算触犯公司条例，只要他能卖出去产品，公司就对他的错误睁一只眼闭一只眼。我觉得这样很不好。"

管理者要做到"用制度说话"，不要因为员工的入职方式或岗位不同而区别对待。

图 7-2　管理者要用制度说话

梅奥导师皱着眉头说道："你说得对，这种情况确实很常见。销售部门是公司的盈利主力，所以，很多公司都会对销售部门'网开一面'。可是，这样对大局却有不少坏处，也不方便协同管理，让公司的规章制度形同虚设，也让公司内部变得乌烟瘴气。"

"自古以来，能做到一碗水端平的领导本就很少。"一位男生说道，"如果是我的话，我会在员工中安插 2 ～ 3 个心腹，他们可以代替我监督员工，也可以及时把员工的情况汇报给我。"

"这倒也是个办法。"梅奥导师笑着说道，"虽然看上去有些不好，但这种方式还是很实用的。比如管理者可以让这部分员工充当自己的传声筒，通过这些员工，管理者也能知道基层的情况与进度。好！下面我就给大家列举几种除了金钱激励之外的管理关系的方法吧！"

说着，梅奥导师对自己旁边的女生说道："你的笔记非常工整，看得出来是个很认真的女孩，希望你以后也能用同样认真的态度面对管理学。"

平白被梅奥导师夸了一顿，女生有些不好意思，说道："谢谢您，我一定努力。"

梅奥导师笑眯眯地点点头，道："我要说的第一个办法，就是像我刚才一样，对优秀的员工予以赞美。（如图 7-3 所示）而且还要把赞美的人和事挂在嘴上随时宣扬，这样更能激励员工们好好工作。"

图 7-3　懂得赞美的管理者

说完，他又对刚才受表扬的女生说道："如果你听到我跟戴明导师夸奖你，你会不会更加用心地研习管理学呢？"

女生立马用力地点点头，说道："当然，梅奥导师，我会为了证明您的夸奖是正确的而努力学习的。"

梅奥导师温和地笑了，说道："太棒了，同学们，你们看到了吗？在人际关系维护中，赞美是非常重要的。但是我还要做一点补充，那就是赞美一定是建立在金钱基础上的。这是什么意思呢？就是物质奖励是激励基础，而赞美则是维护人际关系的重要手段，各位明白了吗？"

同学们纷纷点头，是啊，金钱还是很重要的，但人际关系的维护也同样重要，只有双管齐下才算是现代化的科学管理。

梅奥导师继续说道："我给大家的第二个方法就是——庆祝。很多公司都会召开年会、庆功会等活动，来对员工或团队所取得的成绩表示肯定。其实，在员工或团队取得成绩后，公司就要立刻为他们庆功，让他们切实感受到自己是功臣，而公司也肯定他们是功臣。"

"这会不会耽误工作啊？"刚才那位戴金丝眼镜的男生说道。

"怎么会呢，"梅奥导师皱着眉头说道，"庆功会并不用太隆重，也不用太铺张，如果你实在担心耽误工作，可以选择某一天下午或下班时间，大家一起聚个餐，搞一些活动也都是不错的选择。要让马儿跑，你得先让马儿吃饱吃好，否则马儿又怎么会甘心为你工作呢？"

金丝眼镜男哼了一声没有说话，但显然他并不认同梅奥导师的管理方法。

梅奥导师也没有理他，继续温和地对大家说道："第三个建议，就是多用口头语，多用'我们'来代替'你'和'我'。这样能让员工的主人翁意识增强，也能让员工有'我们一起并肩战斗'或'让我们一起面对困难'的意识，员工就会自然而然地加强维护与领导的关系了。"

"这人际管理看似复杂，实则简单。"梅奥导师说道，"领导者如果想维护与员工的关系，那允许一些'民间组织'的存在也是很有必要的。"

第三节　"民间组织"很有必要

"什么'民间组织'？"大家都是一头雾水。

梅奥导师说道："关于职场中的人际关系，我曾经做过一个著名的实验——霍桑实验。那时候，我在美国芝加哥郊外的西方电器公司霍桑工厂中，进行了一系列的人际关系实验。在实验结束后，我发现人们不仅会受到金钱刺激，还会受到来自'关系'的刺激。"

梅奥导师陷入回忆之中。当时，他选择了 14 名男性工人，在一间单独的房子里进行焊接、绕线和检验工作。为了达到更好的实验效果，梅奥导师对他们实行了特殊的工资制度。

梅奥导师最初的设想是，采取特殊的工资制度，能让员工在优渥的条件下更认真地工作，这样他们才能获得更多的报酬。谁知，这些工人的产量只能保持在中等偏上的水平，而且每个工人的日产量都差不多。

在一次谎报工作产量后，梅奥导师发现这个班组为了维护他们 14 人的整体利益，自发地形成了一些不成文的规定。他们彼此约好，谁也不能干得太多而突出自己，也不能干得太少，影响整体的产量。而且，他们还约定不准向实验者告密，否则就会遭到一顿打骂。

通过交谈，梅奥导师得知这个班组之所以将产量控制在中等水平，是害怕产量太高反而让企业不在乎，继而会撤销他们优渥的工资制度。当然，生产得太少也不行，这样会让企业给予他们惩罚，或者直接把他们裁掉。

"这个实验给了我很大的启发。"梅奥导师颇为感慨道，"为了维护这个团队的内部团结，大家可以放弃金钱的诱惑，所以，我开始研究'非正式群体'的概念，从而发现企业中存在一些'民间组织'还是很必要的。"

"这不就是小团体嘛，这种风气要不得啊。"戴金丝眼镜的男生又嚷嚷起来，"来公司是干活的，搞小团体是干吗的？肯定不是干好事儿的，我们银河洗浴可没那个闲钱养小团体。"

"你能不能别打着银河企业的旗号？真是影响我们的形象。"李彬皱着眉头说道。

戴金丝眼镜的还要再说，梅奥导师伸手示意他不要说了，道："这位同学可能是只看见了小团体的缺点，却忽视了它们的优点。"

"它们能有什么优点……"金丝眼镜男小声嘟囔了一句。

梅奥导师依然没有动怒，而是温和地说道："不管是企业、学校，还是社会，如果否认并限制这些小团体的存在，就会引发大家的不满。但是，如果任由它们盲目发展，这些小团体就有可能扩大其势力范围，还可能与正式团队对着干，形成与之分庭抗礼的局面。所以，小团体究竟好不好，还是要看管理者自己。"

纪天敬问道："您的意思是说，管理者要对这些'民间组织'采取引导方式，既不能施以高压，也不能放任不管，而是要把它们用得恰到好处？"

"总结得真好。"梅奥导师说道，"具体来说，企业中的'民间组织'可以对企业产生很大帮助，只要我们注意对它们进行引导，它们就可以为我们所用。"

"那，这些小团体都有哪些作用呢？"一个女生歪着头问道。

梅奥导师笑眯眯地说道："你看，'民间组织'可以对'正式组织'起到协助作用。（如图7-4所示）在企业中，大部分的团队都有严格的工作计划与程序，因而无法做到灵活机动地工作。但是这些'民间组织'没有那么多的条条框框的束缚，做起事来反而有很高的弹性，能解决不少临时发生的问题。如果管理者能接受这些小组织的存在，然后让小组织的利益与大团队的利益相一致，让小组织的目标与大团队的目标相结合，就能让小团体发挥作用啦。"

图7-4　小团体很有必要

"还有呢？"同学们迫不及待地问道。

"还有，这些'民间组织'可以帮助管理者分担管理职责。"梅奥导师说道，"团队的管理者经常会被各种琐事绊住脚。就拿下发任务来说，也许管理者已经说了很多遍，但员工们就是不理解。这时小团体就可以发挥它们的作用，充分帮助领导者和员工互相理解，帮助领导节约精力。"

刚才那个女生说道："对呀，这样一来，还能使领导和基层之间的交流加强。看来'民间组织'还是很有必要的嘛。"

梅奥导师说道："还不止这些呢，'民间组织'还能帮助企业提高稳定性，能帮助员工发泄情绪，还能对领导的行为起到制约作用。"

"啊？这是怎么讲的呢？"女生疑惑地问道，大家也是没听懂的样子。

"你们想，小团体这种东西，原本就会对人产生吸引力。员工被吸收进去，可以减少人员的流动，这可不就是提高稳定性了嘛。再有，员工在受到挫折、遭到误解或工作不顺心时，可以在小团体中抱怨一番，这也是一种发泄情绪的渠道，其他员工可以代替领导安慰他，帮他尽快解决问题。而且，这些'民间组织'虽不像'正式组织'那样受公司认可，但领导在处理问题时，或多或少也会顾虑到这些小团体，因此，它们对领导也有制约作用。"梅奥导师说道。

"噢，我明白了。其实，这些小团体也是加强公司内部团结的一种方式。"女生说道，"领导者与其杞人忧天，倒不如让它们在可控范围内发展。这样既能让小团体成员对自己的行为有所规范，又能加强公司内部的联系与协作！可是，梅奥导师，在职场这种没有硝烟的战场里，人际关系真的那么重要吗？"

"当然啦，"梅奥导师笑着肯定道，"毕竟，在工业文明中，最重要的还是'人'嘛！"

第四节　工业文明里，最重要的还是人

"虽然这么说，但跟员工打交道真的更费心啊。"一位穿蓝色衬衣的男士说道，"我在跟员工打交道的时候，总是格外注意自己的言辞，生怕说出什么不该说的，会伤害到他们的感情。"

"是呀。"另一个穿职业套装的女士说道，"我就很苦恼上下级之间的社交。我在管理员工的时候，经常会遇到一些个性比较突出的员工，比如他们不把迟到当回事儿、喜欢提前下班等。虽然我知道对这些行为都必须予以批评，可是，我却不知道该怎么批评才好。（如图 7-5 所示）"

"那么，你一般是如何批评的呢？"梅奥导师一副认真倾听的样子。

女士无奈地说道："我看到员工迟到时，一般就直接说'以后不要再迟到了'，可是他们还是照样迟到，感觉我的话根本就没有用。"

"是啊，我也经常遇到这种情况，好像我越对员工说不要做什么，员工就越要去做什么，成心要跟我对着干。"另一位穿红色西服的女士说道。

梅奥导师笑着说道："员工来公司是工作的，他们不会特意跟你对着干，除非他们都不想要这份工作了。所以，原因还是你跟他们之间的人际关系没理顺。"

图 7-5　告别错误的"批评方式"

"那我要怎么说，他们才会听啊？"现场有好几个人都发出了这样的疑问。

可梅奥导师却伸出食指摇了摇，说："不，你们应该这么问'我要怎么听，他们才肯说？'"

什么意思？大家不由得面面相觑。

梅奥导师说道："就像员工迟到这件事，你需要把他叫到办公室里，彼此先沉默一会儿，让他产生心理压力，然后再开口问'早上你迟到，是有什么特殊的事情吗？'在员工给出一个合理的解释后，你可以说'我可以原谅你迟到，但你迟到的行为，对其他早来的同事是不公平的，所以，我需要根据公司规定对你进行处罚'。如果员工无法给出合理的理由，只是单纯的起晚了或睡晚了，你就可以说'我相信你不会再犯下一次了，但你的行为给公司带来了不好的影响，我需要根据相关规定对你进行处罚，希望你能重视起来'。在这样的气氛下，相信员工会对迟到的后果产生抵触心理，从而避免迟到现象的发生。"

"您太厉害了。"穿红西服的女士一挑大拇指，说道，"回头我一定要试试。"

梅奥导师笑着说道："所以，让领导者和员工之间的人际关系进一步融洽，给彼此共同的生活、工作创造一个良好的人际环境是很重要的。人际环境的舒适、和谐，又能极大地反作用于人的工作积极性。每一位领导者都希望能促进员工的工作热情，形成工作上的良性循环。所以，我给各位提出几点方法。"

梅奥导师喝了口水，继续说道："首先，领导者要做到说话算话。有的老板为了吸引员工、留住员工，先靠承诺把员工吸引过来，结果却说话不算数，对自己画的'大饼'连一角都不曾兑现，导致双方出现矛盾不可调和，最后让员工不得不跳槽。要知道，对于领导者来说，最重要的一点，就是给员工树立一种'说话算数，一言九鼎'的个人威信。"

"是啊是啊，我现在的公司除了'画饼'什么都不会，我决定过了年就辞职！"之前吐槽被"画饼"的男生再次愤懑道。

梅奥导师笑着说道："其次，领导者要做到信任员工。我们常说，信任是人们交往的前提，也是营造良好氛围的基本条件。正所谓'疑人不用，用人不疑'，但有的老板办事小心眼，总是对员工疑神疑鬼。比如担心采购人员收回扣，担心厨师偷工减料，等等。长此以往，员工和老板之间自然貌合神离。"

同学们纷纷点头。梅奥导师接着说道："最后一点就是要及時反馈。领导者应当让员工知道，他们的想法在领导这儿是受重视的，以此来刺激员工，让他们更愿意为企业的发展而努力。如果老板对员工的建议视若无睹甚至出言讽刺，那么员工就会觉得自己的建议无关紧要，还会对老板感到心寒。"

"梅奥导师，道理我都懂，但实际操作起来就不知该如何是好了。"刚才穿职业套装的女士说道，"我想知道的是，领导者在说话时有什么技巧吗？"

"当然有。"梅奥导师用力地点点头，说道，"这第一条技巧，就是'反复强调心态不可取'。很多管理者都有这样的问题，为了突出事情的重要性，反复强调同样一句话。其实，这不但没有起到强调效果，还会对沟通效果起到破坏作用。科学早已证明，人的心理存在叛逆机制。如果同样的话重复次数超过3次，那么，这句话的受重视程度不但不会提高，反而还会下降。"

"噢！怪不得现在我说话越来越没人听，原来是我的话说得太多，让效果反而减弱了。"穿职业套装的女士闷闷地说道。

"第二条技巧，就是在检验员工工作成果时，多使用一些口头语表示肯定，比如'对，没错''很好''不错'之类的。在与员工交流时，可以多使用一些'我想听听你的想法''我们讨论一下''我听懂了'之类的话，来鼓励员工多与你沟通。"梅奥导师说道。

大家纷纷点头，对梅奥导师的话表示肯定，梅奥导师继续说道："第三条，就是避免在交流时使用否定词。前面有位女士说到，她越不让做什么，她的员工就越要做什么，其实，这位女士可以换一种沟通方式，比如把'不要早退'改为'正常时间下班'。"

穿红西服的女士不好意思地笑了笑，说："好的，梅奥导师，

管理学原来很有趣 16位大师的精华课

134

我以后一定注意。"

　　"在职场的人际交往中，领导者只有这样与员工交流，才能维护好自己与员工的人际关系，才能给自己赢得更多的利益。"梅奥导师笑眯眯地一鞠躬，说道，"好了，我的课程就到这里了，祝大家晚安！"

　　大家纷纷起身鼓掌，鼓掌完毕，李彬拿出手机给人事部高管打了个电话。没过多久，戴金丝眼镜的男生便慌慌张张地小跑过来，对着李、杜二人不停点头哈腰，道歉说："对，对不起李总、杜总，我，我……哎，我刚才都是瞎说的，您二位千万别见怪。"

　　杜伟男鄙夷地看了看他，说："我们也不是不近人情，刚才我们已经让人事部到基层员工那里做了问卷调查，如果有80%以上的人，认为银河洗浴由你负责很好，那我们就给你一个机会；如果低于80%，你就自己到人事部填辞职报告吧。"

　　戴金丝眼镜的拼命擦着汗，嘴咧得像刚吃了条苦瓜。

　　"这回他该知道人际关系的重要性了。"纪天敬看着他的囧样，忍不住笑了。

第八章
赫伯特·亚历山大·西蒙
导师主讲"决策"

　　本章通过四个小节，讲解了赫伯特·亚历山大·西蒙的决策管理理论的要点。赫伯特·亚历山大·西蒙不仅是管理学人才，也是20世纪的全能型人才。他在结合了各个领域的理论后，对决策管理有了独特的见解。对决策管理有兴趣的读者，本章是不可错过的部分。

赫伯特·亚历山大·西蒙

　　（Herbert Alexander Simon，1916—2001），20世纪科学界的一位奇特的通才，他的理论在众多的领域深刻地影响着我们这个时代。西蒙在管理学上的第一个贡献是提出了管理的决策职能，第二个贡献是建立了系统的决策理论，同时提出了"人有限度理性行为"的命题和"令人满意的决策"的准则。他学识渊博、兴趣广泛，研究工作涉及经济学、政治学、管理学、社会学、心理学、运筹学、计算机科学、认知科学、人工智能等众多领域，并做出了创造性贡献，在国际上获得了诸多特殊荣誉。

第一节　经理们的工具箱

李彬和杜伟男回来后，就开始了关于"管理者威信"的调查，但是，获得的结果却让二人不太满意。在 16 个高管、48 个中管和其他小管理者中，有 10% 的人不合格。在查实后，李、杜二人给公司管理层来了个大换血。

"我说李彬，咱们最近搞的大动作有点多啊，会不会让公司里人人自危？"杜伟男有些担忧地问道。

"这倒不会，"李彬沉吟道，"毕竟我们清除的只是对公司发展不利的人，这种现象对好好工作的员工来说，反而应该是针强心剂才对。对了，上次那个银河洗浴的高管，报告打回来了吗？"

"打回来了，让我意外的是，竟然还有一些老合作伙伴来替他求情。"杜伟男皱着眉头说道。

"那怎么办，我们要放过他吗？"李彬也有些无奈道。

杜伟男毫不犹豫地说道："当然不能放过他，我立刻就把他辞退了，我也不知道这个决策是不是正确。"

正讨论着，李、杜二人来到了礼堂。

一进礼堂大门，就看见白板上写了两个大大的汉字——"决策"。

"这可真是口渴了就有人送来茶。"杜伟男看着白板上的大字笑了，说道，"才想着自己的决策会不会出错，就有大师来专门讲解这部分了。"

李彬点点头，环视了一下四周，找到了两个离讲台还算近的座位。二人刚坐定，一个额头宽宽、眉毛浓黑、眼神深邃的中年西方人就上了讲台。

　　"咳，同学们大家下午好。"讲台上的人亲切地说道，"我是今天为大家讲授管理学'决策'部分的导师，我叫——赫伯特·亚历山大·西蒙，大家叫我西蒙导师就好！"

　　"啊！我知道您！您是20世纪的通才啊！"一位戴眼镜的男生激动地说道。

　　西蒙导师立刻做出一副谦虚的样子，说道："啊呀，不敢当，不敢当，鄙人只是在管理学和相关的各个领域都有着小小的建树而已。"

　　大家都笑了，西蒙导师俏皮地眨了眨眼，说："今天我们要讲的内容是'决策'，在正式开讲之前，我想问问大家都对'决策'了解多少？"

　　一个女生举手说道："决策就是决定吧？"

　　另一个女生也说道："决策，分开来讲就是决定和策略，就是要对一个策略作出决定？"

　　这两位女生带了个头，大家也都纷纷表达了自己的看法。等大家说得差不多了，西蒙导师笑着总结道："大家说得都很好。在管理学中，决策就是人们为了达成某种目的，而在充分掌握了情况和信息后，再用科学合理的方法列出需要的各种方案，最后，从各种方案中选出一个最为合理的方案。"

　　"啊，我觉得这个太难了。"刚才的小眼睛男生说道，"我好像有'选择困难症'，最不会作选择了。如果方案多了，我肯定会更加崩溃的。"

　　西蒙导师听后有些严肃地说道："这可不行啊，决策可是管理的核心。身为管理者，我们最重要的工作之一就是作出决策。你想，公司的决策总不能由员工来给出吧？"

"嗯……您说得对，但是，我总怕自己作的决策是错的，这样会对公司造成不好的影响。"小眼睛男生唉声叹气道。

西蒙导师亲切地说道："没关系，孩子，听我讲完决策方面的管理学知识，相信你就知道该如何作决策了。我们先看看构成决策的要素有哪些。"

说完，西蒙导师在白板上写下了六个词汇：决策者、决策目标、自然状态、备选方案、决策后果、决策准则（如图 8-1 所示）。

图 8-1　决策的六要素

"'决策者'很好理解，就是作决策的人；'决策目标'就是决策方向；'自然状态'和'备选方案'就是制定决策时的种种备选项；'决策后果'就是作出的决策要承担的风险；决策准则，就是决策所应达到的标准和应该遵循的规则。"西蒙导师说道。

"哦，我知道决策准则，"一个女生说道，"您曾对决策准则发表过看法,您认为决策准则不必是绝对的、最优化的,对吗？"

"是的，孩子，我认为绝对正确的、零风险的决策是不存在的。（如图 8-2 所示）"西蒙导师笑眯眯地说道。

0 风险的决策是不存在的。任何备选方案都不能说是十全十美。

图 8-2　没有风险的决策是否存在

"这些是决策的构成要素，根据这些要素，我们来看看管理活动的特点。"西蒙导师接着说道，"我们先说决策的目标性。所谓目标性，就是我们要弄懂决策要达成的目标，也就是决策的方向。在弄懂目标后，我们要解决的就是这位男生最关心的选择问题。"

西蒙导师看着小眼睛的男生说道："如果只有一个方案，那就不存在决策问题了。所以，管理者的工作，就是比对各种方案的优劣性，再从中选出一个最好的方案作决策。这是很考验管理者判断力的事，因为决策是有风险性的，任何备选方案都不能说是十全十美的。不过，管理者在作决策时，也不要觉得有压力，只要进行综合比对后，选出所有方案中最好的一个即可。"

"可是，西蒙导师，我总担心自己的决策不正确，害怕作了决策后，万一不正确，大家会让我承担责任。"小眼睛的男生说道。

西蒙导师摇了摇头："身为管理者，怎么能害怕承担责任呢？如果你实在害怕承担责任，那就在作决策时遵循两个方案：一是召开会议，让大家对决策给出自己的见解，这样能有效分摊责任，但最后的风险仍然要由管理者来承担；二是作决策可以采用'非零起点'，即对之前执行过的决策延伸或修订即可。"

"啊，这两个办法不错！谢谢您！"小眼睛的男生顿时喜笑颜开起来。

"不客气，孩子。在了解了决策后，我们就要寻找一个办法，看如何才能从众多决策中，选出那个最符合我们要求的。"西蒙导师说道。

第二节　在"大海"中捞"针"

大家一听这话，就知道这堂课的重点来了，于是纷纷挺直了腰板，竖起了耳朵。

西蒙导师看大家严肃认真的样子，立刻笑着说道："各位不用这么紧张，其实作决策这件事，我们每天都在进行啊！在日常生活中，我们每时每刻都在作选择。比如今天早中晚饭都吃什么，穿什么衣服出门，我要跳槽还是继续，我要跟她结婚吗等，这些需要作出选择的事都属于决策范畴。但让我觉得奇怪的是，大家在面对小决策时，总是很纠结，但面对大决策时，却总是很鲁莽。"

大家都有些不好意思，确实，自己最纠结的决策，可能就是选择吃什么。

西蒙导师仿佛看穿了大家的想法，于是狡黠一笑，说道："为了作出一个更好的决策，我们要分析好自己当下的资源，再分析产生决策的过程。我们先看分析资源这一点。分析资源，就是让我们对自己的现有资源和所处背景作出一个客观的分析，这样能避免在作决策时选的目标过低或过高。我们再来分析产生决策的过程。"

西蒙导师在白板上写了六组词汇：

分析问题—目标设定—列出方案—列出风险—进行权衡—作出决策

"在这六组词汇中，分析问题是基础中的基础。我给大家讲个故事吧：有一对情侣，男生因为工作忙，所以没办法及时回复女生的消息，女生很不高兴，觉得男友是因为不爱自己了所以才不回消息，于是常常跟男友吵架。此时，男友将问题定性为'我不回复她，她生气了'，所以做的解决方案就是'尽量回复她'。我们来看看产生的结果——男生因为将时间花在跟女生聊天上，所以耽误了工作，女生看男生赚钱变少，再次跟男友吵了起来。"

"这女生也太作了吧？"还没等广大男同胞开口，一位女生便开口批评道。

西蒙导师说："其实，这也是男生在决策过程的第一步——分析问题上出现了错误。'要陪伴还是要面包'，这个观点是男生和女生都要考虑的问题。所以当时，男生应该将问题定性为'我现阶段更重要的事情是工作,如果没有面包,爱情是走不长远的'，然后跟女友好好谈一谈，看双方是达成一致还是彼此分开，这样才是解决问题的方案。"

"啊，您说得对。"一个男生显然颇有感触道，"看来，我们人生中的很多决策性失误之所以会出现，都是因为在决策过程的第一步就出了问题！可是，我们应该如何对问题进行分析呢？"

"首先，这个问题应该具有'未来性'，我们要解决的不仅是当下的问题，还要考虑到未来的问题。"西蒙导师说道，"其次是不要有'完美主义倾向'，就像我提出的决策管理理论，绝对完美的决策是不存在的。最后，多给自己设置几个问题，从中选择一个最佳问题进行解决。其实，刚才这位有'选择困难症'的男生，除了害怕承担责任外，也有一点完美主义倾向，总想找出一个完美无缺的方案，对吗？"

刚才的小眼睛男生点了点头，说道："是啊，我总觉得目前的决策备选项都不够好。"

"这就是导致优柔寡断的原因。在中国历史上，有很多大人物都是因为优柔寡断，而把手中的好牌打个稀巴烂。比如三国时期的袁绍，祖上四世三公，曹操不过是宦官之后。在那个讲究家世门庭的年代里，袁绍之所以败于曹操，不就是因为他在打仗时，太想找到一个 100% 胜利的方案吗？可是战机稍纵即逝，哪能容他事事追求完美呢？（如图 8-3 所示）"西蒙导师摊手道。

嗬，没想到，西蒙导师还是个中国历史通，真不愧是 20 世纪的通才啊！大家心里纷纷给西蒙导师点了个赞。

"那像我们这样的'完美主义者'，应该怎么进行决策呢？"小眼睛男生说道。

"很简单，你们在作决策前，可以先用这三个问题问问自己，"西蒙导师说道，"第一，这个决策的'保质期'是多久，如果我现在犹豫，那这个方案什么时候会失效？第二，如果我延长决策时间，还能收到更好的方案吗？第三，如果继续犹豫，会影响到其他重大决策吗？"

图 8-3　没有最完美的决策

　　看着小眼睛的男生一头雾水的样子，西蒙导师无奈道："我们举个例子吧，假设我准备跳槽到另一家公司。先看第一个问题，如果我不马上辞职，那之前联系好的工作就会失效；第二个问题，我已经有最佳选择了，如果有更多的时间考虑跳槽对象，我能找到更好的吗？第三个问题，如果继续犹豫下去，我只能是浪费自己的时间，耽误在另一家公司的资历。"

　　"哦，我明白了。"男生立刻说道，"把这三个问题过一遍，相信我也能尽快作出决策！"

　　"还有啊，除了完美主义外，'沉没成本'也是影响决策作出的因素，各位都知道沉没成本吗？"西蒙导师问道。

　　同学们歪着头想了想，有的知道，有的不知道。一位女生说道："沉没成本，就是已经无法挽回的部分。"

"不错。"西蒙导师肯定道，"还是拿情侣举例子吧。一对男女恋爱四年，越临近婚姻，二人就越发现对方其实不是自己要找的人。可是，这四年投入的时间、金钱和感情太多，两个人谁也不忍心说分手。最后，俩人带着不满步入婚姻。可想而知，他们的婚姻也将出现问题。在这个例子中，'四年投入的时间、金钱和感情'就是沉没成本。"

"啊，确实，我经常被沉没成本绊住脚步，看来，想要作出正确的决策真不容易啊，就像在大海捞针，而且还要捞出最尖的那根针。"小眼睛男生有些沮丧。

"不！并非如此，"西蒙导师说道，"你不要抱着这种想法。我已经强调过很多次了，管理学中没有绝对完美的决策，你要做的，只是选出它们中间相对较好的即可。你确定它对公司未来发展有利，你确定能承受这个决策带来的风险，那它就是好决策。"

小眼睛男生恍然大悟道："这回我真的明白了！谢谢您，西蒙导师！"

西蒙导师连连摆手，说道："不用谢我，孩子，毕竟作决策确实不容易。我很喜欢你们最近拍摄的那部《流浪地球》，在这里套用《流浪地球》里的台词——方法千万条，决策第一条，决策出了错，企业两行泪！"

第三节　管理方法千千万，决策是中心

听完西蒙导师的话，台下的观众都哄笑起来。

等大家笑得差不多了，西蒙导师赶紧说道："对于管理者来说，管理就等同于决策。不管是提拔高管的决策，还是企业未来发展的决策，这些都会影响到企业未来的运作和发展。那么，谁能告诉我什么样的决策才是对公司发展最有利的？（如图 8-4 所示）"

"保守的决策""冒险的决策""大家一起作出的决策""还是冒险一点的决策，富贵险中求嘛"……同学们纷纷回答道。（如图 8-4 所示）

图 8-4　决策的种类

西蒙导师笑眯眯地听着，时不时点点头道："不错不错，大家都很有想法，我听完后，发现大家的意见主要集中在两个方面，那就是'冒险决策'和'集体决策'，对吗？"

同学们纷纷点头称是。

西蒙导师说道："大家说得都很对，'冒险决策'和'集体决策'都是对企业发展有利的决策。"

"可是，冒险决策为什么会比保守决策好呢？它可是需要冒险的啊。"一个女生说道。还没等西蒙导师说话，另一个女生便回过头来，说道："可是，有哪个决策是没有风险的呢？"

西蒙导师笑着说道："是啊，而且，冒险决策并不等同于莽撞决策。比如猪肉涨到了35块钱一斤，有的公司想'猪肉涨到了35块钱，这已经是前所未有的价格了，可是，新猪还没出圈，冻猪肉也很快就清空了库存，我手里有10%的'猪肉股'，应该可以再买5%'，这就是冒险决策；有的公司想'哇，猪肉这么贵了，我本来就有10%的'猪肉股'，这次得买到20%，说不准还能涨呢'，这就是莽撞决策。"

"可是，就结果来说，这不都差不多吗？"女生疑问道。

"那我再举个结果不一样的，"西蒙导师说道，"某人给你一辆时速200迈的超级跑车，并承诺只要跑完一圈就给你5亿元。在这个例子里，冒险的做法就是确定所有条件都真实后，将方向盘握在自己手里；鲁莽的做法则是听完后立即上车。"

女生恍然大悟。西蒙导师继续说道："刚才有同学说'富贵险中求'，确实，从经济学角度看，收益是跟风险成正比的，抢银行的收益高，可它的风险也很大。所以，我们在制定冒险决策时，一定要注意收集信息、洞察信息和应用信息。相信每位管理者的信息收集能力都是过关的，90%以上的管理者也能轻易辨别信息的真假，所以，真正将管理者们的决策能力档次拉开的是应用信息。也就是说，你要如何将得到的信息变成决策的一部分，你能不能利用这些信息，去增加公司的业务、拓展项目和客户、提高公司的核心竞争力等。"

大家纷纷点头，看来冒险跟鲁莽虽然只是一线之隔，但却千差万别啊。

西蒙导师见同学们理解得差不多了，又开口道："除了冒险决策外，还有集体决策也是同学们给出的类型，对吗？"

"是的，西蒙导师！"大部分学生说道。

杜伟男笑了笑，估计大家都是听西蒙导师说"分摊责任"，所以才想出了"集体决策"。

这时，一个男生举手问道："集体决策，会不会降低效率啊？"

"这个也不能说绝对不会。"西蒙导师分析道，"如果是小公司，算上老板才五六个人，那就没必要采用集体决策了。但如果是大企业，其经营环境会比较复杂，关于决策，光靠领导一人的力量明显是不够的。所以，集体判断能很好地协助领导作出决策。而且，集体决策也能让大家更好地达成共识，在执行时也更方便。"

刚才举手的男生说道："西蒙导师，我是做互联网公司的。您也知道，互联网市场往往是瞬息万变的，产品更新迭代的速度也超过其他行业百倍不止。所以，我觉得决策速度比决策质量更重要。如果把大量时间放在讨论上，就很有可能错失机会。您想，要是时过境迁了，就算这个决策再优质，那还有什么意义？"

听完男生的话，不少同学频频点头。李彬也点点头，确实，难道决策的速度跟质量就不能两全吗？

这时，只见西蒙导师胸有成竹地说道："看，大部分同学都觉得集体决策比单独决策更慢，因为他们有一个讨论环节。但其实，决策的速度跟质量并不矛盾。我们在作集体决策时，可以让下面几位管理者分别制定可行策略，或统一几个方案一起商榷，这样就能节约不少时间。而一些快速独断的决策，反而可能是鲁莽的'一拍脑门'。"

听完西蒙导师的话后，刚才举手的男生沉吟了一下，然后真诚地说道："您说得对，我把问题想得有些简单了。"

西蒙导师对他笑了笑，说："其实，管理者只要及时把握商机，在汲取意见的同时快速作出决策即可。让管理者们提前构想决策方案，还能促使他们对市场进行预测。而且，集体决策还能有效提高管理层的全局观，能提高他们的战略思维和眼光，这样也能有效地提高公司决策的整体效率。"

大家纷纷点头。西蒙导师笑眯眯地看着大家说道："好，今天的课程就到这里了，各位，一定不要忘了，方法千万条，决策第一条——"

"——决策出了错，企业两行泪！"大家立刻高声接道，随即爆发出了热烈的掌声，送别这位可爱的 20 世纪通才。

第九章
约翰·R.康芒斯导师
主讲"人力资源"

本章通过四个小节，讲解了约翰·R.康芒斯的人力资源管理理论要点。在约翰·R.康芒斯看来，制度是企业的血脉，人力是贯彻制度的基础。为了帮助读者更好地理解约翰·R.康芒斯的人力资源管理学，作者将约翰·康芒斯的观点摸清读透后，用幽默诙谐的方式进行了浅显易懂的讲述。对人力资源管理有兴趣的读者，本章是不可错过的部分。

约翰·R.康芒斯

（John R. Commons，1862—1945），美国管理学家，制度经济学家。在约翰·R.康芒斯看来，企业中最重要的就是制度与人。康芒斯认为，所谓"制度"就是推动经济发展的重要力量。这里的"制度"，指的是约束个人行动的集体行动。例如美国在建国后的最初50年内，大部分公司都属于垄断性组织，但随着公司对法律与人力资源的重视程度不断提高，美国的公司变得普遍化。

第一节　企业最棒的资产是什么？

李、杜二人自从听完西蒙导师的"决策管理"后，就在企业专门设置了"高层决策小组"和"基层决策小组"，来共同商讨有关企业的决策问题。

在召开了两场会议后，两个人都对企业现状有了一些感触。

这天，李彬笑意盈盈地对杜伟男说道："我带着'基层决策小组'开了几场会后，发现咱们公司有不少员工都可堪大用啊，以前是真没发现，原来他们有这么多不错的想法。"

杜伟男叹了口气，说："哎，你就好了，我带的'高层决策小组'，大部分人都是一脑袋糨糊，也不知道平时是怎么干活的，一到决策的时候都支支吾吾说不出话来。你说咱们养的这么多高管，关键时刻却只会踢皮球，真叫人生气。"

这时候，秘书敲门走了进来："李总，杜总，您二位上管理课的时间要到了，要不咱们先去上管理课，回来再谈？"

"好！"二人立刻从办公桌前站起来。

不多时，车就到了R大门口，李、杜二人说笑着快步走进礼堂，仿佛又回到了上学的那段日子。刚走到门口，一位头发卷曲、戴着眼镜、身穿长款西装的英俊男子就从二人身边擦肩而过。男子看起来文质彬彬，面目清秀，惹得不少女生低声惊呼起来。

只见男子信步走上讲台，而后温文儒雅地说道："大家晚上好，我是今天的管理学讲师——约翰·R.康芒斯。今天由我来为大家讲解'人力资源'部分。"

今天这么早就开课了？这位年轻的西方人真的是导师吗？李、杜二人心里冒出不少疑问。只见年轻的康芒斯导师笑着说道："中国春秋时期的孔子曾说，'有教无类'，但我却持有不同观点，毕竟我们是管理者，是做企业的，如果让我们什么人都吸收，那就太浪费企业资源了。所以，我们需要做的就是在工作实践中鉴别人才，并根据人才的个性特点，给予他们合适的定位和指导，所以，人力资源管理是企业管理的重要方面。"

"可是，康芒斯导师，我们应该如何鉴别人才呢？现在'伪人才'太多，我个人经验又不够，有没有什么好办法能用于鉴别呢？"一位戴小圆眼镜的男士问道。

"这个问题还是很容易的。"康芒斯导师温和地说道，"我曾读过汉末魏初时期的《人物志》，读完后颇有感触。《人物志》将人才分成两部分，一部分是全才，另一部分是偏才。全才就是指各方面'气质'比较平均的领导型人才，而偏才则是在某方面'气质'突出的专业性人才。下面我就跟各位谈谈如何鉴别人才。"

说着，康芒斯导师在白板上写了两个大大的汉字——相面（如图9-1所示）。

大家不由得面面相觑，心生疑问："我们这是上的管理学课程吗？"

康芒斯导师似乎看出了大家的想法，于是说道："这个'相面'并不是神秘东方关于生辰八字、摸骨算命之类的做法，而是从员工的表情、行为、言谈举止来甄别。比如观察员工的善恶行为，辨别其是否为间杂人员。如果某位员工在别人遇到灾难时表现得很有同情心，但出钱资助的时候却很吝啬，那他就是慈而不仁；如果一名高管，只在口头上对员工十分关怀，但却连一顿饭都不

图 9-1　甄别人才

请员工吃，或员工家庭有困难却不组织帮忙，那他就是仁而不恤。间杂之人总是言行不一，以自我利益为中心。从这些细节处就能判断其是否为间杂之人。"

　　确实，只要观察对方的行为，就能知道对方实际上是什么人。就算对方穿得再奢华得体，说得再舌灿莲花，只要看他们的潜意识行为，就能知道对方的真实面目。

　　"言语表达能够反映出一个人的基本性格，"康芒斯导师继续说道，"比如他的语速是急迫还是缓慢，声调是高还是低，表达意思是明朗还是晦涩，等等。我们可以由此判断这个人的个性。观察其语言与行为举止是否矛盾，我们可以判断出对方是真诚还是虚伪。如果其行为与语言不相符合，那这个人就不值得信任。"

　　"小圆眼镜"一边连连点头，一边正在疯狂记着笔记。

　　杜伟男在一旁想道，不管是面试还是从业，自己跟李彬看到的人员面貌，都是对方想让他们看到的。正是因为如此，他才被一部分人给蒙骗了，误以为他们是对企业有用的人才。

康芒斯导师温和地说道:"最近,我的中国朋友经常跟我提到'素质'二字。其实,素质也是确定人才性质的方法。通过每个人的素质,我们可以判断出对方是怎样的一个人,有什么样的个性特征,为人处世的基本原则如何,继而才能判断其适合何种职位。现代管理心理学的理论将人分为多血质、黏液质、胆汁质、抑郁质等四种不同类型,这四种类型的人具有不同的个性,适合不同的职业。"

杜伟男点了点头,然后举手说道:"其实,经验老到一点的管理者,能很容易分辨各种员工的类型。比如同样用言语攻击他人,有的是出于真性情,有的就是刻意为之了。只不过,一些没经验的管理者会被企业里的'老油条'蒙蔽。"

"是啊,企业最棒的资产就是人力资源了。所以,在选拔人才的环节,我们一定要擦亮双眼,这样才能为以后的环节节约各种成本。"康芒斯导师说道。

"在选拔人才的环节谨慎点,是不是就不用再花钱培训了?"一位女生皱着眉头问道。

"当然不是。"康芒斯导师温和地说道,"其实,选拔人才和培训人才都是必不可少的。下面,我们来具体讲解一下这部分——"

第二节　发现人才还是培养人才?

"关于选拔人才和培训人才,大家都有什么好的建议吗?"康芒斯导师问道。

一位打着发胶的中年男子说道："我觉得在选拔人才时还要严格把关。我们单位前阵子重金挖来个高管，这人干了两个月就跑了，还带走了我们公司的不少内部信息。（如图9-2所示）真是气死我了，也不知道人事部是怎么把他招进来的。"

图9-2　小心"人才陷阱"

康芒斯导师安慰道："这确实很让人头疼，如果在招聘环节能严格把关，就能尽量避免这样的问题了。"

另一位扎领带的男士说道："也不一定，其实招聘来的人素质怎么样都可以。我是做××外卖的，只要把人招进来，后期培训一下不就得了吗？"

"你如果招的是立马就能上手的人才，不就省下培训的成本了吗？"发胶男子说道。

"领带男"正要反驳，康芒斯导师赶紧说道："究竟是内部的人才培养有利，还是外部引进的人才更好？关于这个问题，我不能给出一个绝对的答案。但是我可以把选拔人才和培训人才的优缺点给大家讲解一下，各位可以根据企业的实际情况进行选择。"

"您先从选拔环节开始讲解吧。"刚才的"发胶男"迫不及待地说道。

康芒斯导师温和一笑，道："当然可以。你看，选拔人才就是我们常说的外部招聘，招聘是企业与外部信息交流的一种非常有效的方式。通过招聘，企业可以选拔对公司有利的人才，也可以对外界树立一个良好的形象。新人才的加入，还能给企业带去不同的价值观，让新思想和新方法融入企业，这也有利于企业经营管理和技术的创新。"

"您想说的是'鲶鱼效应'吧？"一位扎双马尾的女生说道。

"不错。"康芒斯导师对女生眨了眨眼，说道，"鲶鱼在搅动沙丁鱼生存环境的同时，也激活了沙丁鱼的求生能力。也就是说，新鲜血液进入企业后，会给原有员工带来无形的压力，使他们产生危机感，继而激发原有员工的潜能和斗志。"

"选拔人才还能避免'近亲繁殖'，"另一位女士说道，"我们公司靠裙带关系进来的人太多，开会的时候扔块石头下去，能砸死七八个经理家的亲戚，不是小舅子就是小姨子。这些人平时不干活，拿的还比正常员工多。有功了受奖励的是他们，有错了背锅的就是其他人，真是让人无语。"

康芒斯导师也摇了摇头，叹息道："这种行为就是对企业最不负责任的行为。选拔人才的环节，可以让新老员工通过学习交流共同进步，也可以刷掉一部分关系户，缓解公司内部的矛盾。而且，从外面选拔人才，还能有效避免不正当竞争。"

"什么是不正当竞争呀？"一位女生好奇地问道。

"嗯，举个例子吧，"康芒斯导师说道，"你看，如果经理升职了，这个位置出现了空缺，那么，几个副经理和高干员工间就有可能出现不正当竞争，企业也可能因为内耗而影响运营效率。而且，一旦某位员工被提拔，其他候选人也会产生消极情绪，甚至不服管理。所以，从外部招聘个经理过来，反而有利于企业内部的团结。"

"噢，我明白了，"女生恍然大悟，说道，"怪不得好多公司的高管都是'空降兵'呢！"

"是呀，而且，外部招聘是在大环境内挑选人才，选择余地大，能招聘到优秀人才的可能性也更高一些，"康芒斯导师笑着对"发胶男"说道，"就像这位男士说的。一些比较稀缺的特殊人才尤其应该从外面选拔，还能够节省培训费用。"

"但是，外部招聘会信息不对等啊，就像他刚才说的，有人本就是不怀好意的，面试官也很容易被求职者的表象所蒙蔽，无法了解他们的真实意图。何况，人才筛选本就难度大、成本高，我觉得还是把重点放在培训上比较好。"刚才那位做外卖的男士说道。

康芒斯导师摆摆手，说："当然，有利就有弊，人才的外部招聘肯定是有些不足之处的。比如他们还有可能出现'水土不服'的症状，若外聘人员无法接受企业文化，只会浪费彼此的时间，让招聘企业成为他们的'跳板'或'中转站'。"

"是啊，还有就是，如果企业内部有优秀的人才未被选用，那么这些由外部招聘进入企业的员工会让他产生逆反情绪，而不与外聘者合作，反而导致企业的整体效益下降。""领带男"说道。

"那，培训就全是优点，没有缺点了？不说别的，光说培训费就不是一笔小数目。何况，你们这么培训，我也没见你们××外卖的外卖员素质有多高。""发胶男"不屑道。

康芒斯导师赶紧劝道："不能因为个别人的素质，就否定整个行业的人员素质。何况，对员工的培训也是很有必要的，这笔成本是不可省略的。在选拔环节严格把关，只能让后来的培训工作更好地进行，但不能直接跳过员工培训环节。"

"领带男"得意洋洋地看着"发胶男"，转而对康芒斯导师说道："虽然我知道培训员工很有必要，但对具体内容也是一知半解的，还得请您多讲解一下。"

康芒斯导师点点头，说："我们都知道，现代企业的竞争说到底就是人才的竞争。随着知识和技术的更新速度越来越快，企业也需要不断更新技术和理念，这就意味着要不断对员工进行培训，让员工能跟上企业发展的脚步。所以，员工培训是增强企业竞争力的有效途径。而且，员工通过培训，可加深对企业文化的认知程度，也能增强企业的凝聚力。而对于员工来说，培训也是企业给员工最好的福利，毕竟，学习是持续终身的事情嘛。"

"可是，康芒斯导师，"一位女生说道，"我知道选拔和培训人才的重要性，就像您说的，企业的竞争说到底就是人才的竞争，但企业应该怎么做，才能保证人才不会流失呢？"

"哦，这是我接下来要讲的问题。"康芒斯导师微笑着说道。

第三节　怎样留住优秀员工

"刚才我们讲了企业应当如何选拔和培训人才，下面，我们就来讲一下人才凭什么要留在你的企业中。"康芒斯导师说着，在白板上写了两个大字——时代。

"这是一个科技高度发达的时代，然而，经济问题却成了一个全球性的问题。"康芒斯导师说道，"不管是发达国家，还是发展中国家，每年的失业率都逐年提高。然而现实的情况是，每个月都有上百万的员工，为了寻找更好的工作而提出辞职。而且，在所有新入职的员工中，平均有三分之一的人会在半年内辞职。在员工辞职后，企业不得不再花费一次成本来雇佣新人。如果人员流动率大，企业的人才成本也会随之加重。"

"哎，听您这么一说我就更迷茫了。"刚才那位女生说道，"我是专门负责新员工培训的。如果我负责的员工离职率高，那跟我的绩效也有直接关系。所以，我想知道我该通过什么方式留住优秀员工呢？"

康芒斯导师温和地说道："这位同学，其实，这个问题不仅是你要考虑的，更应该是你们企业老总要考虑的，因为你只是负责将公司的实际情况呈现给新员工。"

女生点点头，说："那您说，我们企业若想留住优秀员工，又该怎么做呢？"

康芒斯导师说道："大家出来工作的理由，有 99% 都是为了钱和生存。所以，留住优秀员工的第一条，就是你们公司的薪资和福利必须具有竞争力。如果不能做到超过其他同类型公司，那起码要做到在平均线以上。如果人才来公司后，发现这里做的工作多，给的钱却少，一天两天还可以，时间长了他们就会心生怨言，继而离开了。（如图 9-3 所示）"

女生思索了一下，然后说道："不错，您说得对，我们公司有一半的人，离职理由写的首要原因都是薪水低，其次就是福利少和不利于职业发展。"

图9-3　留住优秀员工

"难道他们只是为了钱吗？"另一个女生皱着眉头问道。

康芒斯导师立刻说道："当然不是。但是，绝大部分人出来工作都是为了生存，所以，支付他们足够的薪酬，给予他们足够的福利，他们才愿意留在这个公司服务。因为你为员工提供足够的薪资后，我们才能使用其他管理方法对员工进行管理。"

那位女生立刻说道："康芒斯导师，有没有那种，就是适合我们这种特别抠门的公司的留人方式啊？"

大家听了都笑了，这怎么可能？

但康芒斯导师却微笑道："当然，也有这样的管理方法。"

"什么？"这回轮到大家傻眼了。

只见康芒斯导师笑眯眯地说道："在企业招聘过程中，如果员工提出关于辞职的问题，人力资源部的各位也不要紧张和惊讶，因为他从最开始就存在辞职的念头。换句话说——你们招聘到了一个不适合公司的人。"

"不适合公司的人？那如果不让他工作一段时间，不彼此磨合磨合，我们又怎么知道他适不适合公司呢？"做人力资源的听众们纷纷发表了自己的看法。

可康芒斯导师却摇了摇头，说："不是这样的，各位，我先给大家看一组例子吧，两家公司招聘，A公司在招聘之初，就透露了公司70%的情况，而B公司为了多招人，只透露了公司的福利和优势部分的情况，总体为30%。大家可以想一想，哪家公司的人员会更加稳定？"

同学们陷入了沉思，不久，大家都纷纷给出了答案——A公司。

康芒斯导师微笑着说道："是啊，如果一名员工在不了解公司的情况下加入，那随着时间的推移，公司展露出来的让他不满的地方就越多，慢慢的，他就会对公司表示失望，继而提出辞职。相反，如果公司一开始就真诚地把公司现在的发展阶段、薪资待遇和未来规划摆在员工眼前，那员工更有可能愿意接受这样的待遇，并跟随公司一起奋斗。"

大家恍然大悟，女生又问道："康芒斯导师，我们公司确实抠门，那有没有什么办法，让员工觉得金钱层面以外的其他福利很好呢？"

康芒斯导师笑着说道："有的，但是公司必须有这样的认知——我给多少钱，对方就给我做多少工作。（如图9-4所示）有的公司只给员工支付很少的薪资，却不停压榨他们，这样的公司是做不长久的。所以，当公司想节约员工薪资成本时，就要适当减轻他们的工作负担。换句话说，就是让员工觉得在这个公司比较轻松，没那么痛苦。"

图 9-4　企业如何留住优秀员工

　　女生歪着头想了想，似乎没太理解康芒斯导师的意思。康芒斯导师继续说道："让员工痛苦的原因，往往是工作与生活不能平衡。如果员工觉得他绝大部分时间都在工作，甚至没有休息和吃饭的时间，那他就会负能量爆棚，继而发现这份工作就是让自己痛苦的根源。所以，他们自然会选择辞职了。"

　　"也对。"女生说道，"哎，我们公司确实抠门，但也是因为公司刚起步，确实支付不起比同行们更有竞争优势的工资。而且，正是因为公司刚起步，所以员工们通常身兼数职，每天从早上忙到深夜。您说，在这种情况下，我们还怎样留住优秀员工呢？"

　　大家一听也纷纷摇头，员工也不是做慈善的，这样的公司谁愿意待啊？

　　可是，康芒斯导师却自信道："在管理学的世界里，没有什么是不可能的。你说的这种情况我也遇见过，所以，我给的建议是——找到优秀员工的'痛点'。有些人看重休息时间，有些人看重公司前景，有些人看重公司文化。只要找到员工们的'痛点'，并且让员工知道公司能满足自己的主要需求，那他们就会心甘情愿地为公司奉献了。"

"噢！我明白了！"女生高兴地说道。

"当然，这里还有一点，也是针对公司优秀员工的，"康芒斯导师故作神秘地说道，"那就是——小心那些被放错的'资源'！"

第四节　小心那些被放错的"资源"

康芒斯导师说完，大家都是一愣，放错的"资源"？

康芒斯导师看出了大家的疑惑，于是说道："是呀，其实，很多人才只是被放错了位置，比如性格开朗的去做了研发，性格内敛的却做了公关，等等。相信在场的各位，有不少都是使用'末位淘汰制'来进行人才考评的吧？"

大家纷纷点头，确实，"末位淘汰制"是一种最为常见的处理不合格员工的绩效考核办法。所谓"末位淘汰制"，就是根据企业的具体目标，结合各个部门工作岗位的实际情况，设定一定的绩效考核指标，依据这些指标来对员工进行考核，最后根据考核结果，淘汰评分靠后的员工。

"当然，我不能说'末位淘汰制'是错的，因为从具体的执行效果来看，这种绩效考核制度确实能够提高员工的工作积极性，而且在很大程度上，'末位淘汰制'还可以起到精简机构的作用。"康芒斯导师说道。

杜伟男接着说道："但是，'末位淘汰制'有些过于残酷，会让公司的整体氛围受到影响。它会制造高压环境，不利于团队精神的形成，它也不符合现代管理的精神。"

"是啊，没错，"康芒斯导师笑眯眯地说道，"但在这里，我想告诉各位的是，'末位淘汰制'可能会让公司丧失优秀人才！"

"噢，我明白了，"李彬说道，"您的意思是——放错了的人力资源！（如图 9-5 所示）"

图 9-5 小心被放错的"资源"

"不错！"康芒斯导师笑着说道。

看着大部分人疑惑不解的样子，康芒斯导师继续说道："你们看，对于一些机构冗杂、人员过剩的企业——比如国企来说，'末位淘汰制'是一种很适合的管理机制。但对于大部分现代企业来说，它们是讲求以人为本的，所以，'末位淘汰制'就违背了尊重人性、挖掘人的内在潜能的宗旨。尤其是那些刚起步的企业，它们的人员配置是合理的，机构设置也是简单的，如果推行'末位淘汰制'，反而会让员工对公司离心离德。何况，人力资源的工作目标之一，就是为员工寻找到真正适合他们的岗位。"

"那么，已经被'末位淘汰制'判定为不合格的员工怎么办？"一位男士问道。

康芒斯导师说道："我的建议是，给他们一个缓冲期，让他们重新接受培训，在培训结束后上岗，并于上岗的三个月后重新接受评估。如果他们能超额达到新岗位要求，我们就可以给他们一个机会。而且，在实行'末位淘汰制'时，我们也要注意考察员工究竟是因为什么才被评到末位的。"

另一位男士嗤之以鼻道："哼，不管什么理由，末位就是末位，还有什么好考察的？"

康芒斯导师摇了摇头，说："被'末位淘汰'的员工并非是最差的员工，他们只是在这个岗位上综合能力不达标。何况，有些员工是因为客观条件才导致考核成绩偏低。所以，管理者要搞清楚员工绩效差，究竟是因为能力不够还是态度不行，这样才能针对该员工展开培训工作。"

"那么，康芒斯导师，工作态度不行和工作能力不够的员工，都应该如何进行培训呢？"一位穿着正式的女士问道。

康芒斯导师说道："如果是工作态度有问题，那我的建议是——开除。因为他们原本就不爱工作，所以对他们进行培训是没有意义的，他们也没有渴望改变的欲望。但是，对工作能力不够的员工，我们却可以通过培训的方式找出他们能力不足的原因，这样才能帮助员工成长，员工的成长才能利于企业的发展，也能培养员工的向心力。"

"您能具体说说怎么培训因为能力不够而在'末位淘汰制'中考评得分低的员工吗？"女士拿出笔记本说道。

康芒斯导师点点头，温和地说道："我们首先要做的，是对不合格的员工进行分类。做好分类之后，我们在培训过程中便需要安排专门的培训人员对不同岗位的员工进行培训。每个岗位所需要的知识技能并不相同，即使是在同一个部门内部，不同的岗位对知识技能的要求也存在着不小的差异。所以培训的第一步就是要让员工重新了解自身的岗位知识和技能，找到自身应该负担的岗位职责。"

"但是，完全准确地定位各个岗位所需要的全部知识和技能是非常困难的吧？"刚才嗤之以鼻的男子皱着眉头说道。

康芒斯导师点点头，说："当然，但是通常情况下，部门负责人在培训过程中，可以至少举出三项各个岗位必须具备的知识和技能。这些知识和技能要尽可能与员工的岗位存在直接联系。同时，管理者还需要找到员工自身能力上存在的短板。即使不能通过培训完全弥补其工作方面的短板，也至少能够使得员工自身能力的缺陷得到一定的补强。人力资源部门应该及时对员工培训进度进行记录和总结，从而为后续的员工培训计划做铺垫。"

女士听得连连称赞，不停笔地把这些记录了下来。

另一位穿红西服的女士说道："我是市场部的高管，我们部门一个小姑娘在年终考核时拿了最后一名。但我对她印象不错，她声音甜美，为人谦和，我不明白为什么是她拿了最后一名。于是，我把负责考评的经理叫过来询问。对方说，这个小姑娘太内向，在面对客户时总是羞怯有余，气场不足。"

"那就对她进行语言表达和销售技能方面的培训啊。"记笔记的女士说道。

穿红西服的女士摇了摇头，说："这是没有用的，与客户面对面交谈只能让她痛苦。所以，我把她安排到了电话客服岗，没想到刚上岗了一个月，这个小姑娘的绩效指标就超出平均线一大截。"

记笔记的女士想了想，说："可是，从市场销售转到客户服务，同样都需要语言表达技能啊。"

穿红西服的女士说道："不一样，小姑娘之所以在市场销售方面表现不佳，主要是因为现场反应能力较差，导致语言表达跟不上销售的节奏。但客户服务则不同，前期掌握的客户服务知识，在后期的服务工作中就能够充分发挥出来。再加上小姑娘本就是个认真细致的人，又具有沉稳内向的品质，所以非常适合担任客户服务的工作。"

康芒斯导师点头赞许道："真不错，这个例子可以用在我今后的教学中。"

刚才的男士犹豫了一下，说道："这不是帮助员工逃避困难吗？"

"并非如此，"康芒斯导师温和地说道，"其实，每个单位的'全才'都是少数人，帮助一些'偏才'更好地发光发热，岂不是对企业管理更有帮助？"

大家都点头称是，康芒斯看着疯狂记笔记的同学们，满意地笑了，说："好了，各位，关于人力资源管理的部分就是这些了。对了，大家可以期待一下下堂课的导师哦！"

大家面面相觑，好奇心也被吊了起来。但是，他们仍然没有忘记用热烈的掌声送别这位儒雅睿智的管理学家。

第十章
松下幸之助导师主讲
"组织文化"

　　本章通过四个小节，讲解了松下幸之助的组织管理理论要点。在松下幸之助看来，企业管理就是针对组织的管理，因为企业原本就是一个组织。可是，如何组织好各种经营活动，如何让管理贯穿到组织之中，就是管理者亟待解决的问题了。为了帮助读者更好地理解松下幸之助的组织管理理论，作者将松下幸之助的观点熟练掌握后，以风趣的表达方式和浅显易懂的文字呈现给读者。

松下幸之助

　　（Konosuke Matsushita，1894—1989），日本著名跨国公司"松下电器"的创始人，有"经营之神"和"日本企业管理之神"的美称。松下幸之助很注重组织管理，也很注重对员工的教育。松下幸之助每周都会给员工演讲，还创作了松下歌曲，这大大提升了组织管理效率。所以，在松下幸之助的公司，很少出现劳资纠纷问题。值得一提的是，他还首创了"终身雇佣制"和"年功序列"制，对日本乃至世界的企业管理都起到了极大作用。

第一节　能提高竞争力的组织文化

"中国人？"

"不，是日本人！"

李、杜二人刚进教室，就听见学生们纷纷争论着。

"我看见了，是个黄种人，肯定是中国人！"一个学生说道。

"不，我看他像个日本的小老头。"另一个学生反驳道。

不过，听了半天，新导师有副亚洲面孔无疑了。

李、杜二人寻了个座位坐下，只等新导师来一解疑惑了。

坐下没一会儿，一个身材瘦小的老头便颤巍巍地走上了讲台。他耳朵很大，大得跟他的身材有些不搭，但却给人一种灵活且睿智的印象。

"咳，大家晚上好，我是今晚的导师松下幸之助，请多指教。"松下幸之助导师对台下鞠了一躬，随即露出了一个有些狡黠的笑容。

"看，我说是日本人吧，不过，松下这个名字好耳熟。"坐在李彬前面、染着黄头发的学生低声说道。

他旁边的另一名同学则小声回应："能不耳熟吗，这是松下电器的创始人……"

"啊！"黄发学生一听"松下电器"四个字，发出了恍然大悟的声音，引来了礼堂里人们的瞩目。黄发学生赶紧坐好，不敢再出声了。

"没关系，嗳，不要紧张嘛，在紧张的氛围里，我们是学不到什么东西的。"松下幸之助导师笑眯眯地说道，"放松，放松一下。"

不知道为什么，松下幸之助导师的口气让杜伟男想到了"一休哥"。但确实，托松下幸之助导师的福，现场气氛都轻松了不少。

"今天，我要给大家讲述的管理学内容是组织文化。组织文化，又可以叫做企业文化，它是让企业能够得以发展壮大的重要因素。（如图 10-1 所示）组织文化是企业能否继续发展的精神力量，也是一笔难能可贵的精神财富。"松下幸之助导师笑眯眯地说道。

通过组织文化，企业上下能凝聚在一起，彼此沟通也能更顺畅。

图 10-1　组织文化

"是啊，您说得对。在现代企业管理学中，组织文化管理已经成为增强企业核心竞争力的重点部分，所以，构建组织文化就是推动企业的管理。"一位穿着花衬衣的男士说道。

"可是，组织文化这种东西太虚了吧，靠这种东西真能管理好企业吗？"另一位蓄着胡楂的中年人蹙眉道。

"把精神层面的东西，落实在物质层面就可以了啊。"松下幸之助导师笑眯眯地说道，"一些大公司会做些体现企业文化形象的标识和员工服装等，一些小公司也可以通过宣传标语和手册来贯彻这方面的内容。毕竟，企业制度就是最直观的组织文化的表现形式嘛。"

"胡楂男"有些疑惑地说道："松下幸之助导师，企业制度的重要性我是知道的，但除了这方面，还有哪些能贯彻和落实组织文化吗？比如我们公司的组织文化是'敢于竞争'，我应该如何贯彻这个组织文化呢？"

松下幸之助导师笑眯眯地说道："想把组织文化贯彻到全公司，就要率先端正员工们的思想，要让他们跟着管理者的思路走，配合公司的文化精神和氛围。管理者要帮助员工们摒弃低级的价值观和错误的工作心态，让他们自觉地加入到组织文化的建设中。只有这样，员工才能达到跟企业'同甘共苦'的境界。"

"胡楂男"听得连连点头，确实，想让大家遵守组织文化，首先要让他们认可这个文化。

松下幸之助导师继续说道："其次，我们作为管理者，还要将自己的思想意识和价值观念与企业的发展目标和价值观念相融合。大家可以想想，如果连领导都不重视组织文化，本身也不去认真践行，那还有什么立场要求员工认真贯彻呢？毕竟，关于组织文化的建设，不是通过几次方案、开过几次讨论会就能敲定的。所以，领导一定要发挥自身作用，用人格魅力和初始风格来打动员工。（如图 10-2 所示）领导要通过企业管理者的示范作用，让员工逐渐认可企业的文化和价值观，从而形成一种自发行动的力量。"

图 10-2　以身作则的管理者

花衬衣男子说道："不错，以身作则是组织文化中非常重要的一点。而且，企业还要建立完善的薪资系统，让所有员工都有加薪或升职的希望，这也算是组织文化的一种吧？"

松下幸之助导师点点头，说："是啊，你说得不错。清晰、稳定的薪酬体系可以让员工在工作时有安全感和归属感，从而促进员工工作效率的提高。而当员工在当前阶段的个人需求得到满足之后，他们便会继续按照薪酬体系的规定向着下一个阶段努力，不断提升自身能力水平，从而在客观上推动企业的向前发展。所以，完善的薪酬和晋升体系是员工认同和接受企业文化的一个关键因素。"

"提到薪酬，就不能不提到奖惩制度了。"李彬也在一旁说道，"除了制定相应的薪酬奖励制度之外，适当的规章制度规范也是必不可少的。如果不能做到有章可循，那员工就会觉得这家企业就是闹着玩儿的，他们也不会对规章制度产生敬畏之心。"

松下幸之助导师笑着说道："是啊，中国有句话在日本也很流行，叫'无规矩不成方圆'。企业规章可以让员工从一进公司大门起，就在工作和行为上自觉受到制约，这样才能让企业的发展趋于稳定。只有建立一整套规范的法规管理制度，将组织文化融入其中，告诉员工什么是组织文化所鼓励的，什么是组织文化所反对的，这样员工才能知道什么是能做的，什么是不能做的。在遵循制度的过程中，员工能加深对组织文化的理解和认可。"

"松下电器是全球出了名的大公司，也是组织文化最为优秀的公司之一，您给我们讲讲松下电器的经营之道吧！""胡楂男"迫不及待地说道。

松下幸之助导师笑眯眯地回应道："当然可以，不过，这就说来话长了——"

第二节　松下电器的经营之道

"大家知道，松下电器是全球最大的电器公司。"松下幸之助导师谦和地对大家点了点头，说道，"长期以来，我们一直将'提高人们的生活质量和为世界文化做贡献'作为松下的组织文化。在这种氛围中，我们的产品才能走向世界，才能获得国际社会的高度评价。"

一位男生显然是松下幸之助的"粉丝"，他听得频频点头，然后说道："您说得太对了，而且您本身就是很注重社会贡献的管理者。我之前读过您'吃牛排'的故事，感触颇深。"

松下幸之助导师很谦和地摆了摆手，说："啊，这不是什么了不得的事情，不知道为什么大家都如此盛赞，我只是做了我认为对的事。（如图 10-3 所示）"

去请主厨吧

好的

先生真是个温暖的人

担心你看到牛排只吃了一半会难过，特地与你面谈

管理者的真诚与关怀，比任何礼物都有效果

图 10-3　管理者要有人性

同学们纷纷起哄，让松下幸之助导师讲一讲当时的情况。显然，现场有不少同学并未听说过这件事。

见大家如此要求，松下幸之助导师只好开口道："有一次，我在某家餐厅招待客人，因为那的牛排不错，所以我们六个人都点了牛排。等大家吃完后，我还剩下一半没动。于是，我就让助理把烹调牛排的主厨请了过来。当时，我对助理说'不要叫经理，直接把主厨叫来就好'。"

"啊？是牛排不合您口味吗？""您是要把他叫来训斥一顿

吗？"同学们纷纷猜测道。

"并非如此，不过，显然那位主厨也是这么想的，因为他来的时候，神色显得相当不安。"松下幸之助导师往右边侧了侧头回忆道，"当时，他不安地问我'是不是牛排有问题？'我看出了他的紧张，于是和缓地对他说'烹调牛排，对你来说已经不是问题，所以我对你的手艺是非常肯定的。但是，如你所见，我已经 80 岁了'。听完这句话，他一时没有反应过来。所以我只好直白地说道'我的胃口大不如前，所以吃不下一整份牛排，这跟你的厨艺没有关系。我担心你看到只吃了一半的牛排会难过，所以特意跟你面谈。'"

一位女生立刻说道："噢！这也太暖了，那位主厨一定觉得自己很受尊重！"

另一位男士也说道："不止如此，跟您谈生意的人，一定也会肯定与敬佩您的人格，从而促成你们的合作。"

"是啊，我把这件小事讲出来的用意是什么呢？就是让各位未来的管理者都能明白，对他人的真诚与关怀，往往比任何礼物都要有效果。如果能对下属员工传达自己的关心，那他们也会心甘情愿地为公司作出贡献。"松下幸之助导师和缓地说道。

穿花衬衣的男子说道："是啊，如果领导满脑子只想着压榨员工，员工肯定也会满脑子想着怎么偷奸耍滑，这样的组织氛围必然是消极落后的。如果领导能对员工予以关怀和温情，那员工的工作才能充满激情。毕竟人与人之间的关系是相当微妙的，员工不是机器，所以用管理机器的办法去管人，那肯定是行不通的。"

"噢，这个比喻太妙了，"松下幸之助导师笑着说道，"我很喜欢。所以，组织必须要制定出以人为本的相关规则，而这些规则又要以管理学的组织原则作为依托。"

"松下电器的经营之道是我最想学习的，尤其是贵公司的组织规则，"一位皮肤较黑的女士迫不及待地说道，"还请您说得详细些。"

松下幸之助导师微笑着说道："20世纪30年代之后，英国著名管理学家厄威克将穆尼、法约尔和泰罗等人的组织理论进行综合，提出了适用于一切组织的八项原则。"

他转身在黑板上写了八行字——

目标原则：所有的组织都应该表现出一个目标。

相符原则：权力和组织必须要相符合。

职责原则：上级对直属下级的职责是绝对的。

组织阶层原则：从管理者到底层员工都要形成明确的权力系统。

控制广度原则：每一个上级所管辖和联系的下级不超过六人。

专业化原则：每个人的工作都应被限制为单一职能。

协调原则：组织的目的是协调一致地工作。

明确性原则：对每项职务都要有明确的规定。

"这，感觉是很古老的原则理论了。"杜伟男皱着眉头说道。

松下幸之助导师笑着说道："是啊，但这是组织原则的基础。我所经营的松下电器，就是根据这八个原则制定了新的具体规则。虽说是新规则，但企业组织规则的制定所需要注重的核心内容并没有改变。我尝试着总结了一下，希望对你们有所帮助。"

说着，松下幸之助导师又列出了六个现代企业的组织原则——

统一指挥原则：任何下级都不应该受到一个以上的上级的直接领导。

专业分工协作原则：组织内的各项活动都应被明确划分，并组成专业化群体。

177

分权原则：管理者不应陷入例行的琐事之中，应该将权限适当分散下放。

等级原则：组织内应该严格划分等级，同时要做到权责分明。

适度管理幅度原则：根据不同管理者的具体情况，安排直接管理的下属人数。

弹性结构原则：组织的部门结构、人员职责等应该是可以及时更换和调整的。

"我所经营的松下企业，就是遵循这些组织设定原则的。"松下幸之助导师补充道，"而且，我在设定上述组织原则外，还会让员工们都参与进来，共同制定符合自身发展的组织规则。我想，由他们自己制定的规则，他们也更能遵守吧。"

"是啊，您说得对。如果是我参与到组织规则的制定中，那我一定很用心地遵守规则。""胡楂男"感慨道，"松下电器的员工向心力都很强，这也跟组织文化分不开吧？"

"你说得没错。"松下幸之助导师说道，"但是，我们在选拔员工时也是很严格的，目的就是避免出现神田三郎那样的悲剧。"

"什么'神田三郎的悲剧'？"大家的好奇心都被吊起来了。

只见松下幸之助导师叹了口气，缓缓说道："这件事，唉，说起来真的是……"

第三节　神田三郎的悲剧

松下幸之助导师在叹息后，讲了一个故事。

当时，松下电器打算在日本招聘一批销售人员，招聘考试由笔试和面试两部分组成。那次的招聘岗位只有十个名额，但报名的人数却非常多。可想而知，竞争是非常激烈的。经过层层筛选，松下电器选出了几名优胜者。作为创始人的松下幸之助导师也亲自看了看这些入选人的名单。

可是，让他意外的是一个叫神田三郎的年轻人竟然没有入选。要知道，这个年轻人的表现很优秀，也给松下幸之助导师留下了深刻印象。

所以，他立刻吩咐经理，去复查一下考试分数的统计情况。经过复核，松下幸之助导师发现神田三郎的成绩相当不错，只是计算机出了问题，导致神田三郎的成绩与另一个面试者混淆了，这才没能入选。

松下幸之助导师听了经理的报告，立刻吩咐他尽快给这个叫神田三郎的年轻人发放录取通知书。可是，第二天负责这件事的经理却告诉松下幸之助导师，由于没能接到松下电器的录取通知书，神田三郎竟然选择跳楼自杀了。

经理在一旁惋惜道："真可惜，这是个有才华的年轻人，我们竟然没有录用他。"

可松下幸之助导师却摇了摇头，说："不，我跟你想的正好相反，还好我们公司没有录用他！这样的人心理太脆弱，也没有面对失败的勇气，还怎么去做销售？"

听完这个故事，大家都沉默了。

是啊，如果连面对失败的勇气都没有，又怎能成就大事业呢？

松下幸之助导师说道："同学们，对神田三郎先生的悲剧，我表示很抱歉，但我仍旧庆幸他没有入职。虽然我们会尽全力来培养人才，但对员工的性格我们还是要进行甄别的。之前康芒斯导师跟你们讲过人才选拔了吧，一定要发掘那些适合公司的人再进行培养。"

同学们纷纷点头，杜伟男说道："看来，为了避免像神田三郎这样的悲剧发生，在选择员工的环节就要注意他们与企业的契合程度。（如图 10-4 所示）不然，就算这位员工再优秀，再有才华，都不能成为公司的中流砥柱，因为他们的三观跟组织文化是相悖的。"

图 10-4　选拔人才要慎重

松下幸之助导师说道："是的，你说得很对。要知道，我们松下电器不仅仅是靠我运营，也不仅仅是靠经理运营，更不仅仅只靠监管者运营，而是依靠全体员工运营的，'集中智慧的全员经营'就是我的经营方针。所以，我们更要加强职工的选拔与培训，也要制订长期的人才培养计划，力求让员工的思想与组织文化同步。"

穿花衬衣的男士说道："您说得对，让员工参与决策的制定，这是我非常喜欢的组织文化氛围。通过让员工制定决策，我们可以看出员工是否不满意这项纪律，由此产生厌恶情绪。不合理的企业纪律会导致员工积极性降低，出现纪律涣散的情况。"

"是啊，关于这一点，我也表示赞同。"穿红西服的女士说道，"在制定纪律时，应该在一定程度上征求员工的意见，在绝大多数员工不认同这项纪律的情况下，如果要将它强行推行下去，就会遭到员工的抵制，从而产生消极的影响。"

松下幸之助导师微笑着说道："而且，我们还要考虑制定的纪律是否覆盖了所有员工，员工是否深刻认识到了这项纪律的重要性。制定纪律时，也要将管理者纳入纪律约束范围之内。在执行纪律时，管理者以身作则，往往能够起到更好的作用。此外，让员工认识到纪律的重要性，了解违反纪律的后果，帮助员工建立奖惩意识和纪律观念，这样能够更好地保证企业纪律的施行。"

"胡楂男"点了点头，说："不错，企业纪律是规范员工行为的重要保障。纪律并不是对员工的一味约束，员工违反纪律会受到惩罚，遵守纪律也应该获得一定的奖励。只有这样，员工才能够心甘情愿地去遵守纪律，在纪律的指导下，发挥自己的主观能动性。"

穿花衬衣的男子也在一旁说道："我之前研究过松下电器的管理模式，发现贵公司光是综合性研究所就有五个，分别是关西地区职工研修所、奈良职工研修所、东京职工研修所、宇都宫职工研修所和海外研修所。看来，贵公司是真的做到以人为本了。"

"是的，与其说我们是制造电器的公司，不如说我们是制造人才的公司。"松下幸之助导师说道，"毕竟，我们组织文化的要点之一就是'没有人就没有企业'。"

"那么，为了适应市场的不断发展，贵公司制定了什么可行办法吗？"穿红西服的女士问道。

"当然。"松下幸之助导师说道，"我们人事部门特别规定了四点制度，专门用来培养人、团结人、管理人，我们可以一起来看一下。"

"首先，就是自己申请制度。"松下幸之助导师说道，"我们公司的员工，在工作一段时间后，就可以主动向人事部门申请职位调动。收到申请后，只要他们通过考核就可以获得调动。同理，升迁也可以主动向人事部门提交申请。"

"哇，这太棒了。"一个胖乎乎的男生说道。

松下幸之助导师笑着说道："是啊，还有就是社内招聘制度。每当职位出现空缺时，员工就可以获得内部招聘的机会。我不赞成论资排辈，在我看来，只要考核合格，就可以成为社内干部。"

"再有就是社内留学制度，这也是我个人比较看重的制度。"松下幸之助导师说道，"只要经过公司的批准，技术人员就可以提交申请，申请到公司承办的学校或教育中心接受培训。公司也会根据实际需要，选拔一批专业人才去学习相关的知识技能。"

大家听得频频点头，松下幸之助导师继续说道："最后就是海外留学制度，这算是社内留学制度的延伸和拓展。正如大家所见，松下电器是一家国际公司，所以，我们会定期选拔技术人员和管理人员到国外进行学习。我们也向中国输出了很多留学生，你们著名的学府——清华大学和北京大学里都有松下电器公司的留学生。"

"噢，怪不得松下电器的员工大多都年纪轻轻却会多门语言，且非常熟悉资本主义和社会主义企业的管理，原来就是因为留学制度啊。"一位女生感慨道。

"是的，而且我们公司还非常注重员工本身的竞争精神。要知道，一味体贴是有害无利的，员工也需要一种竞争的组织文化氛围。如果他们没有一个强烈的想竞争的愿望，那也是不可能被我们公司留下的，"松下幸之助导师笑眯眯地说道，"毕竟在人性关怀之余，我们做公司的，要考虑的还是'吃'和'被吃'的问题。"

第四节　"吃"和"被吃"

"什么是'吃'和'被吃'的问题啊？"一位女生惊恐地说道，怎么管理学还跟"吃人"有关系了呢？

松下幸之助导师赶紧说道："竞争嘛，总是大鱼吃小鱼、小鱼吃虾米的，这只是一个比喻。（如图 10-5 所示）你不觉得，这个说法更容易让人振奋起来吗？"

图 10-5　"吃"和"被吃"的问题

女生点了点头，说："那倒是，您能仔细说说这个'吃'和'被吃'的问题吗？"

松下导师微笑着给同学们讲了一个故事。

当时，日本松下电器公司打算从三位员工中挑选一个能力最强的做市场策划。于是，公司便对三人展开了上岗前的"魔鬼考核"。所谓"魔鬼考核"，就是将三人送往广岛，用2000日元的生活费过1天。

给大家普及一下当时日本的物价：一罐乌龙茶和一杯方便面的价格大概是450日元，一听可乐价格大概是250日元，最便宜的旅馆一夜住宿费正好是2000日元。也就是说，三人手中的钱是绝对不够生活一天的，除非他们不吃不喝或露宿大街。

为了更好地激发三人潜能，公司做了特殊要求，就是不许他们联手合作，他们也不能通过给他人打工的方式赚钱。这就让"魔鬼考核"变得相当困难了。

第一位员工非常聪明，他花了2000日元买了把破吉他和一副墨镜，来到广岛最繁华的地段，假装盲人卖艺赚钱。当时，新干线售票大厅人头攒动，没过多久，这位员工的琴盒里就装满了钞票。

第二位员工也很聪明，他花500日元买了个大箱子，又精心装饰了一番，然后在上面写了一行字——纪念广岛原子弹灾难40周年暨加快广岛建设募捐箱。他又用剩下的1500日元雇了两个学生，三人一起在广场上宣传起来。还没到中午，他的募捐箱就已经满了，他赶紧又去商店做了一个更大的募捐箱。

第三位员工看起来就没那么聪明了，因为他刚到广岛就钻进一家餐馆，用1500日元美美地吃了顿套餐，又找了个阳光相当不错的公园小憩了一会儿。然后，他便起身决定去两位员工所在的广场上"溜达溜达"。

广岛的广场真热闹啊，两位员工的生意也异常红火。一天下来，两个人都赚了个盆满钵盈，不分伯仲。可天有不测风云，突然，一位戴着袖标和胸卡的"稽查人员"来到广场。他没收了"盲人"和"募捐者"的所有钱财，顺便收缴了他们的身份证，扬言"我要以欺诈民众罪起诉你们，请你们回去等着吧！"

就这样，前两个员工身上一分钱也没有了，连身份证也没有了，他们只能想方设法地回到公司。没想到，他们刚到公司，就看到松下公司国际市场营销部课长宫地孝满和那位"稽查人员"坐在一起。

原来，这位"稽查人员"就是第三位员工！

他只用了500日元买了胸卡和袖标，就从前两位员工手里"吃掉"了所有的钱。

这时，宫地孝满课长严肃地说道："企业要生存发展，要获得丰厚的利润，不仅仅要会'吃'市场，最重要的是懂得怎样'吃'掉市场的人。"

故事讲完了，大家不由得面面相觑。哇，这都行？

松下幸之助导师咯咯笑了，说："我们都知道，机会是通往成功的金钥匙。我们只有把握每次机会，才能在竞争中锻炼自己。"

原来，松下的员工都是在这样的组织文化中"疯狂成长"起来的，也难怪松下公司能发展成全球性的企业了。

这时，松下幸之助导师说道："各位，一个企业想要获得更好的发展，除了要注重企业的硬件设施建设之外，还需要关注一些'软件'内容——也就是我们这节课所讲的组织文化。一个企业中，只有当全体员工都拥有共同的愿景时，这个企业才能够获得最大的发展力量。团队愿景是管理者对企业发展前景和方向的高度概括，同时也是统一员工思想和行动的重要武器。因为团队愿景的存在，使员工能够了解到企业未来的发展远景，找到明确的奋斗目标和努力方向。"

杜伟男对这句话深表赞同，确实，组织文化就像一艘航船，如果不确定一个方向，就会在大海中漫无目的地漂泊。没有终点，最终只能被狂风巨浪所吞没。但如果能够拥有一个明确的方向，那么船上的所有人就会共同朝着一个方向努力，克服狂风巨浪，坚定地朝着终点前进。

"可是，松下幸之助导师，"穿红西服的女士沉吟了一下说道，"这个组织文化可大可小，个人愿景与企业愿景也很难协调，我们应该如何设定呢？"

松下幸之助导师笑眯眯地说道："首先，我们可以将组织文化进行分类，如分成团队文化、个人愿景等。个人愿景范围最小，却是最基本的愿景。个人愿景决定着其他愿景的发展，它是团队愿景的重要部分，影响着整个团队的愿景。所以，我们要做的，就是先把个人愿景提升上来，将个人愿景中的精华部分放大。"

"其次，我们要设置不同阶段的组织文化。比如刚起步时是'团结稳定'，之后是'竞争'，等等。"松下幸之助导师认真地说道，"如果组织文化设置得太远太空泛，员工就会觉得组织文化不切实际，也会觉得这个公司不靠谱。相反，一些简单目标和短期目标更能让员工焕发激情。同时，员工还会将短期目标和个人目标结合在一起，更好地向目标努力。"

大家听得频频点头，松下幸之助导师继续说道："最后，我们要将组织文化与绩效挂钩。想要最大程度地调动员工的积极性，光靠共同的组织文化是不够的。只有将员工的工作收益和组织文化结合在一起，才能够保障企业愿景更好地实现。组织文化与员工的个人愿景契合度越高，员工努力的方向就会越正确，同时员工能够获得的回报也就会越多。"

杜伟男说道："是啊，只有让员工和企业形成'一股绳'，才能帮助企业真正发展。"

松下幸之助导师点了点头，而后对着大家深深鞠了一躬，说："好了，亲爱的各位，今天的课程就到这里了。大家，晚安！"

同学们纷纷鼓掌，送别了这位可爱的日本管理学家。

第十一章
亨利·明茨伯格导师
主讲"经理人价值"

本章通过四个小节，讲解了亨利·明茨伯格的经理人价值管理理论的要点。在亨利·明茨伯格看来，经理人是最能影响企业风气、效率和管理的职位。经理人的重要性不必多言，但他们的劣势却不明显。为了帮助读者更好地理解亨利·明茨伯格的经理人管理学，作者将亨利·明茨伯格的观点熟练掌握后，以幽默诙谐的方式和通俗易懂的语言文字呈现给读者。对经理人价值方面感兴趣的读者，本章是不可错过的部分。

亨利·明茨伯格

（Henry Mintzberg，1939 年至今），世界管理学大师，在全球管理界享有盛誉，经理角色学派的主要代表人物。在国际管理界，加拿大的管理学家亨利·明茨伯格的角色无疑是叛逆者。作为"管理领域伟大的离经叛道者"，明茨伯格显然是个非常引人注目的人物。他是一位最具原创性的管理大师，也是经理角色学派的主要代表人物。

第一节　优秀经理人都要扮演什么角色？

上完松下幸之助导师的课程后，李、杜二人便对银河公司的组织文化进行了整改。从前，银河公司的组织文化基本只停留在口号上，但这次，李、杜二人根据组织文化加大了奖惩制度，彻底把组织文化与企业管理结合在了一起。

这天又到了上管理课的时候，李彬早早约了发型师做了个发型，而后一边哼着歌，一边等着下班。杜伟男看他这个样子，知道他肯定约了纪天敬一起去上课，于是故意说道："唉，某个人今天不跟我一起上课啊？要跟……嗯？一起去？"

李彬老脸一红，说："去去去，别瞎闹。对了，说正事，咱们公司虽然加大了组织文化方面的管理力度，但有几个高管却不能以身作则，让我有些烦躁。"

杜伟男满不在乎地说道："哪几个啊？高管的工作寿命都短，不行就开除了再招呗。"

李彬说了几个名字，杜伟男听了眉头也一皱，说道："什么啊，这几个人业绩很好啊，能力也非常突出，开除了有点可惜。"

李彬点点头，说："是呢，希望他们能争点儿气吧。不说了，来不及了，我要去接敬敬了，你自己去吧。"

杜伟男一撇嘴，一脸黑线地给秘书打了个电话："喂，五点半在停车场等我，去R大……对，没有李总，就我自己。"

到了礼堂，李彬和纪天敬已经找到一处座位坐下了，二人向杜伟男挥挥手。

刚刚坐定，讲台上就上来一位很像谐星的中年西方男子，他笑呵呵的样子很有喜感，但是眼神中却又透露出了睿智。

"噢！看呐，他是个光头。"一个男生小声说道。

"不，他只是发际线高。"另一个女生轻声否定。

李彬下意识地摸了摸自己的头发，又看了看旁边的纪天敬，心道："哎，自己天天这么用脑，希望不要中年脱发才好。"

"嘿，各位，晚上好啊。"这位导师乐呵呵地说道，"我叫亨利·明茨伯格，是各位今日的管理学导师！"

"您好，亨利导师，我知道您，您在经理人价值方面很有研究！"一位男生说道。

"那太好了。"杜伟男忍不住说道，"最近有几个经理人，让我觉得很苦恼。"

亨利导师笑着说道："经理人嘛，如果不能发挥出高价值，那我们又何必高薪聘请他们呢？所以，我们一定要明确，一个优秀经理人扮演的十种角色。（如图 11-1 所示）"

一个优秀经理人扮演的十种角色，这十种角色又可以归纳为三大类——人际角色、信息角色和决策角色。

图 11-1　优秀经理人要扮演的角色

亨利导师在黑板上写了三组词："而这十种角色又可以归纳为三大类——人际角色、信息角色和决策角色。我们先来看人际角色，人际角色就是经理人手中的权力基础，也是他们的责任基础。经理人处理组织与成员间的问题，就等于他们在扮演人际角色。优秀经理人需要扮演的人际角色有三种：代表人角色、领导者角色和联络者角色。"

"所谓'代表人角色'，就是经理人要起到'企业代表'的作用。"亨利导师继续说道，"你们看，经理人有时会代表企业参加社会活动、宴请客户、出席集会等，在如此做时，就代表他们正在扮演'代表人角色'。所谓'领导者角色'，就是他们要领导自己的部门或团队，同时对自己带领的部门或团队负责，这样才能保证组织目标的实现。所谓'联络者角色'，就是经理人要起到'承上启下'的作用。优秀的经理人能在组织内外起到一个联络者的作用，同时能建立起完善的联络关系网。"

大家听得频频点头，杜伟男迫不及待道："那，第二个——信息角色是指什么呢？"

亨利导师乐呵呵地说道："这个信息角色嘛，就是经理人要确保跟自己一起工作的人能获得充足的信息，不能因为信息传递不及时而导致工作拖沓。大家应该都知道，经理人相当于企业的信息传递中心。领导要把信息传达给员工，就得通过一批批的经理人传达。所以，作为整个组织的信息传递渠道，经理人必须要扮演好信息角色。"

杜伟男点点头，他前面的一位女士说道："那，信息角色又具体包含哪些角色呢？"

亨利导师愉快地说道："信息角色，具体包括监督者角色、传播者角色和发言人角色三种。我们先看'监督者角色'，大家都知道经理人需要时刻关注企业内外部的信息，这样才能及时发现机遇和威胁。所以，这个监督者要做的是信息把关，而不是简单地监督员工。所谓'传播者角色'呢，就是经理人要将手中的信息有针对性地散发出去。'发言人角色'也比较好理解，就是经理人需要将组织希望告诉大家的信息宣布出去。"

"最后就是'决策角色'了，'决策角色'听上去就很厉害啊。"一位男生说道。

亨利导师哈哈大笑道："是啊，毕竟很多人都是为了做决策者才拼命想当经理人的！但是，这个'决策'指的是经理人要学会对获得的信息进行归类选择，它具体包括企业家角色、干扰对付者角色、资源分配者角色和谈判者角色这四种。"

"'企业家角色'听上去就很高级，其意义是让经理人学会从企业家的角度看问题。"亨利导师笑眯眯地说道，"'干扰对付者角色'，指的是经理人要学会平息客户怒火、平息员工纷争、与不合作的供应商进行谈判等。所谓'资源分配者角色'，指的是经理人要明白企业的资源应该用在哪些部分。'谈判者角色'就好理解了，而经理人的谈判对象有客户、供应商、合作商、员工和其他经理人等。"

杜伟男点点头，说："可惜，很多经理人都挺优秀的，就是不知道自己应该做的是什么。我这里就有很多严肃的经理人，在他们的眼里，管理是一件非常神圣的事情，如果不能够严肃地对待，就会失去领导者的权威；在他们的眼里，领导和员工之间的关系就是'下达命令'和'执行'的关系。"

亨利导师也一摊手，说："是啊，这样的经理人总让人觉得他们高高在上，其实这种做法对管理并无效果。在现代企业的管理理念当中，通过简单的行政命令来解决问题不是一种被推崇的手段。随着时代的变化，现在的企业员工更加推崇的是个性，如果管理他们仍然采用通过下达各种命令的方式来完成，那么就会引起员工产生反感、厌恶甚至是抵触的情绪，久而久之就会激化企业内部的矛盾，（如图11-2所示）这就会让管理者们十分头疼。"

图 11-2　经理人如何与员工相处

杜伟男说道："是的，这样的经理人虽然个人能力很强，但给人的感觉就像公司请了一尊佛来坐镇。可能他们带来的心理上的作用反而大于实际效果。"

亨利导师哈哈大笑道："是啊，这样的经理人要不得，但还有一种经理人也要不得，那就是'英雄'式的经理人。"

第二节 "英雄"式的经理人要不得

"英雄"式的经理人怎么要不得了？"英雄"难道不好吗？

亨利导师的话一出口，同学们立刻面面相觑起来。

看着大家疑惑的样子，亨利导师笑着说道："我们在座的各位有领导，有经理人，也有基层的员工和学生。相信各位常说或常听的话之一，就是'不要让自己闲下来'，对吗？"

嗯，这倒是。杜伟男和李彬都点了点头。做企业嘛，忙点总比闲着好吧？

"但是！对于经理人来说，"亨利导师佯装严厉道，"太忙碌的却不一定是个好经理人！"

纪天敬好像有点明白亨利导师的意思了，说："您是说，'英雄'式的经理人就是单打独斗，什么都往自己身上揽的经理人，对吗？"

亨利导师立马说道："对！孩子，你说得没错。经理人明明应当把主要的精力放在关系大局的领域，这部分领域通常具体工作都很少，但会产生杰出的成果。但他们却把自己当成了员工，事无巨细都要大包大揽，结果不但做不好经理人的工作，反而会把自己累死。（如图 11-3 所示）"

"是了，法约尔导师也用诸葛亮的例子告诉过我们，领导人要学会放权。"一位女生怯怯地说道。

亨利导师立刻说道："对，没错，经理人也同样需要放权。经理人的管理艺术是'忙碌'吗？不，应是'有条不紊'！优秀的管理者懂得给自己定下需要优先考虑的重点内容，并依照重点优先原则进行管理。他们会把琐碎繁杂的小事交给下属完成，自己只需学会用人、懂得用人即可！"

图 11-3　经理人不能"逞英雄"

"一些大企业的经理人需要学会用人，小企业也要学会用人吗？"一位看上去很疲惫的男士说道，"我公司刚起步，加上我一共才十个人，我是又当老板又当员工，觉得快要累死了。但我们公司一共才这么小，我怎么能做到'有条不紊'呢？"

亨利导师大手一挥，道："那是你做事不分主次吧？卓越的管理者，总会恪守'要事为先'的原则。因此，不管他们的公司是价值数十亿、数百亿美元的大财团，还是一些小公司甚至小团队，他们都懂得应该如何用人、如何经营。相反，有些管理者不懂得优先次序，也不懂得知人善任，就只会把自己活活累死。你不信，我给你总结一下你很忙碌的原因，你看看我说得对不对。"

男士疲惫地点了点头，表示愿意洗耳恭听。

亨利导师说道："第一，你以为取得成就的形式就是忙碌，认为忙碌就等于是生产力；第二，你一直在忙手中的工作，没有对工作优先次序进行规划，甚至不知道下一步要做什么，没有一个全局性的视角；第三，你想做一个'实干家'，不懂如何发号施令。你看这三点我说得对不对？"

男士有些瞠目结舌地说道："您说得太对了，就像在一旁监视我的工作一样。看来，真是我的领导方式出了问题。"

亨利导师说道："你们都知道著名的帕累托法则吧——经理人需要在所有任务中，把时间和精力集中在最重要的20%的事情上，如此一来，管理者就可以获得80%的回报甚至更多；如果管理者把时间和精力，都浪费在80%的琐碎繁杂的小事上，就只能收获20%的回报甚至更少。"

男士眯着眼睛急迫地说道："那么，我应该，哦不，经理人应该如何进行管理工作，才能用20%的时间做好80%的工作呢？"

亨利导师看着一脸期待的大家，不急不缓地说道："首先，经理人必须明确，什么才是自己分内的事！在生活中，每个人都需要对重要的人士负责，比如我们的父母、子女及配偶。同样，在工作中，每位管理者都应该向某位领导或者某个机构负责，比如老板、股东和团队。因此，管理者的'优先次序表'，就是以你必须亲自做的事情为主，其他琐碎小事，你需要交给下属，因为这是他们的分内之事。如果经理人正在做一些根本没必要亲自去做的事时，就要学会停下来，反思一下为什么这件事落到了你头上。至于那些必须亲自去做却不用非要本人出面的事，经理人也要学会对员工授权，选个员工代表也是很重要的嘛。"

"还有呢，还有呢？"男士仿佛一扫疲惫，一边问，一边瞪着眼睛在本子上拼命地记着笔记。

"别急，其次，经理人需要明确，什么才能带来最大的效益。"

亨利导师说道，"作为一名经理人，应当把绝大部分时间都用在最擅长的领域。如果经理人做的工作，正好是自己擅长的领域，那他们就会更有效率地完成工作，同时会获得更高的满足感。在理想情况下，经理人应该走出那些让他们感到舒适的领域，转而投向让他们能发挥优势的领域。同样，经理人也应当做到知人善任，把员工恰到好处地安排在符合他们优势与能力的岗位上。如果有些员工能将管理者的工作都做到八九不离十的程度，那经理人也可以考虑适当放权，把不必亲自完成的工作交给他们一些。"

"最后的一点，也是最重要的一点——经理人需要明确，做什么才能带来最大的回报。"亨利导师说道，"经理人应该懂得，忙碌不一定等于成就。如果管理者想要持续发展，实现自己的目标，就必须按照'要事为先'的原则做事。在企业中，忙碌的员工或许是好员工，但忙碌的经理人却不一定是优秀的经理人。"

"那，如果我多聘请几个经理人帮我分担工作，您觉得怎么样？"男士询问道。

谁知，亨利导师却摇了摇头，说："嗨，过犹不及的道理你懂不懂？如果经理人太多，每个人分到的责任就会过少，到时候管理也就变得松散了！"

"啊？怎么会这样呢？经理多了，为什么管理反而少了呢？"男士一脸懵懂地看着亨利导师问道。

亨利导师一摊手："咳，好吧，我就来给你具体讲解一下吧。反正，这也是我接下来要讲的内容之一。对了，你们都喜欢吃'麦当劳'吗？"

第三节　经理太多，管理太少

听到亨利导师这么问，大家都是一愣。谈着经理人呢，怎么又跟麦当劳扯上关系了？

一位女士小声嘀咕道："真不愧是'管理领域伟大的离经叛道者'，这思维跳跃得，我是真的跟不上。"

只见亨利导师兴冲冲地说道："麦当劳吉士牛肉汉堡里的酸黄瓜，真是……哦，跑题了，我想说的不是麦当劳的炸鸡和汉堡，而是'麦当劳之父'——克罗克。这个老家伙是真的厉害啊，在几十年前，他不过是芝加哥一个名不见经传的纸杯和乳精机械制造商，可现在却是名副其实的'麦当劳帝国的国王'。我要说的，就是克罗克与经理人的故事。"

说着，亨利导师给大家讲了克罗克在创立麦当劳时期的故事。

原来，创业时期的克罗克不像别的老总那样喜欢坐在办公室发号施令，而是把六成以上的时间都用在"走动管理"上了。克罗克认为，只有通过实地去往各公司、各部门进行考察，才会发现很多问题，然后及时解决问题。

克罗克的麦当劳帝国遇到过这样一个阶段：当时，公司面临严重的财务亏损。经调查，克罗克发现根源竟来自公司各部门的经理。早期的麦当劳跟其他大部分企业一样，官僚主义作风严重。经理们喜欢舒舒服服地靠在椅背上，对员工和问题指手画脚。（如图 11-4 所示）他们坐在椅子上，根本看不到问题的根源，只能把时间都浪费在空谈和相互推诿上。

图 11-4　经理太多，管理太少

　　克罗克为此寝食难安，他认为，要想改变麦当劳的局面，光靠几次训话和惩罚是解决不了问题的。为了彻底改掉经理们的懒惰作风，克罗克想出了一个奇招：他给各地的麦当劳快餐店发出了一份指示——把所有经理的椅背锯掉，立即执行。

　　所有的人都疑惑不解，他们不知道总裁的用意何在。但面对严厉强硬的命令，经理们只好依章照办。他们坐在没有了靠背的椅子上，觉得十分不舒服，不得不经常站起来四处走动。于是，经理们才领悟出了克罗克的苦心。终于，麦当劳的经理们纷纷走出办公室，跟克罗克一样深入基层，进行"走动管理"。经理们的行为影响和带动了全体员工，让企业在短时间内就转变了形势，扭亏为盈。靠着这秘诀，克罗克不仅解决了麦当劳公司的财务问题，还把麦当劳打造成了全球 500 强的企业之一。

"各位，你们看呐，克罗克把椅背锯掉了，经理们惰性的温床也就消失了，人的活力和创造力都被激发出来，企业的效益也就扶摇直上了。"亨利导师赞叹道，"这种良性循环的规律，也同样适用于其他领域，尤其是人生奋斗方面。如果一个企业的经理人太多，那他们就容易相互推诿责任，也让他们的意志懈怠消沉。与其'请佛'来公司，还不如让他们直起腰、迈开腿，这样才能让经理人发挥真正的作用。所以，各个企业，尤其是正在奋斗期和上升期的中小企业，应该少聘经理人，聘好经理人，这样才能不让他们把公司搞垮。"

"那，我们怎样让经理人发挥自己的管理作用呢？"杜伟男皱着眉头问道。

亨利导师说道："嗨，这个容易，最基础的管理措施就是奖惩制度呗。但是，在奖惩制度的基础上，你要让对方知道你是言出必行的。比如你抓到一名经理人上班时间打游戏，这时，你要平静地告诉他'你难道不知道上班期间不允许打游戏吗？下次再让我看见，我就要对你进行降级处理了。'如果他停止这种行为，那就最好不过了；如果他没有停止这种行为，再被你发现，你就要真的对他进行降级处理，这样才能给公司起到警示作用，也能让大家明白——你是言出必行的。"

"也就是说，我们要让制度真正生效，而不是让它形同虚设。"杜伟男在一旁总结道。

"不错。"亨利导师说道，"还有，就是要培养经理人的自觉性，让他们能够自主自发地为企业做贡献。所谓的主动，并不

201

是口头上的主动，也不是行为上的主动，而是思想上的主动。有些企业的经理人在工作上也算勤劳肯干，但却不能自觉地思考问题。遇到事情，他们只会推给上级或公司解决，这些行为都是没有自觉意识的表现。而有些经理人，在上班时还是能考虑问题的，但一到了下班时间，就把工作上的事情全部抛开，这也不是积极主动的表现。"

"我觉得，我们公司的经理人就太冗杂了。"一位穿着 polo 衫的中年男子说道，"也许因为我是国企领导，国企的经理人又比其他企业的更为冗杂，所以我经常能接触到各种懒怠的员工。有一个年轻人让我印象很深，他本硕都就读于"985""211"大学，毕业后，他以笔试、面试皆首位的成绩进了我们企业。可是，一进我们企业后，他就开始懒懒散散、得过且过，这让我非常失望。"

"恕我冒昧问一句，"亨利导师摊手说道，"你们公司的经理人冗杂到什么地步？"

中年男子想了想，说道："这么说吧，以我们企业的人事部举例，一共有两个'一把手'、六个'二把手'，还有几十个高管和一百多个主任。"

"我的天呐，"亨利导师苦笑道，"连'一把手'都有两位，也难怪你们的管理不行了。就算他俩都是优秀管理者，那如果两个人意见相左，大家又该听谁的好呢？记住我的话吧，经理如果太多，那管理肯定会削弱的，此消彼长嘛。"

"那，经理人究竟要做些什么呢？"一位小姑娘给出了"灵魂"发问。

亨利导师立刻说道："咳咳，别急，关于这个问题，我们马上就来谈一谈——"

第四节　经理人究竟要做些什么？

"就像刚才这位小姐说的，其实，现在很多经理人都不知道自己该做些什么。还有更过分的，他们都不知道自己现在正在做什么。"亨利导师摊手说道，"就像我刚才说的，'英雄式'经理人要不得，太悠闲的经理人要不得，那么，我们需要什么样的经理人呢？"

他把问题抛给了大家，让大家自由发挥。

一位穿着黄 T 恤的男生说道："在我看来嘛，这个经理人就像副驾驶。领导是开车的，是握方向盘的，企业就是车。企业怎么走，需要由'方向盘'决定，但经理人需要在一旁帮着看"地图"，给'司机'递瓶'水'递根'烟'，偶尔跟'后座'的员工们交流交流，必要时替'司机'开一段。"

"哇哦，你这个比喻简直太棒了，"亨利导师兴奋地说道，"我很赞同。"

黄 T 恤男生不好意思地笑了笑，说："现学现卖，我也是听了您的课后，突然有感而发。"

亨利导师说道："你说得不错，优秀的经理人，不是非得做出一番惊天动地的大事才叫优秀。在管理中，平凡与平庸是绝对不能画等号的，同样，不平凡也不意味着卓越。企业管理不需要大起大落，也不需要惊涛骇浪，只要有条不紊地发展，透过烦琐的事物，看到隐藏的本质即可。下面我就给大家讲讲四类常见的经理人类型。"

"这跟经理人角色冲突吗？"一位女士皱着眉头问道。

"当然不，"亨利导师说道，"你听我往下讲就明白了。"

说完，亨利导师写了四种经理人类型：实用型经理人，创新派经理人，大管家经理人，"好好先生"经理人。

"我们先来看第一种——实用型经理人。"亨利导师笑眯眯地说道，"实用型经理人对自己的要求很高，对工作的要求很高，对员工工作的要求也很高。当然，这并不意味着他们自己大包大揽。跟实用型经理人在一起，员工能成长得很快。而且这种严苛的管理理论，很适合能力强的经理人。但是，这类经理人需要知道，自己在管理过程中要做到严苛与亲和并存。因为一些新生代员工可能并不适应严苛的管理方式，因此，这类领导的管理方式也不会给他们带来成长。"

"那创新派经理人呢？"黄 T 恤男生急切地问道。

"创新派经理人仿佛一直活力满满，他觉得每位员工都有潜力，也希望团队能跟自己一起成长。这类经理人不会设置太多条条框框，而会给员工充分的机会来表达自己的观点。但是，这类经理人在管理过程中，会因为太过天马行空，而导致员工无所适从。毕竟天才的思维，不是人人都能跟得上的。"亨利导师笑着说道。

"那大管家经理人呢？这个名字听上去就老气横秋的。"一位女生说道。

"是啊，不错，与创新派经理人相反，大管家经理人大概是企业中最没有性格魅力的经理人了。"亨利导师摊手道，"但他们却是企业里的奠基石。这类经理人对规章制度相当讲究，管理风格也是传统型的。与这类经理人共事，员工会有很强的安全感。虽然这种经理人带领的团队的成功概率很高，但经理人也需要在管理过程中，多给员工制造一些个人闪光的机会。"

"'好好先生'经理人好像挺容易理解的，就是'和稀泥'

的领导人？"另一位女士问道。

亨利导师摇了摇头，说："不能这么说，'好好先生'类型的经理人，又被称作'企业里的外交官'。这类经理人对社交与团队氛围非常重视，他们就像把团队黏合在一起的黏合剂，很容易就能将团队糅合成一个整体。在管理过程中，这类经理人需要给下属多制造一些挑战，虽然这会导致团队中一些成员的不满，却能快速地提高员工能力。调查发现，这类经理人通常是传统意义上员工满意度最高的一类。"

杜伟男说道："听上去，这四类经理人都是各有各的特色啊。那经理人应该怎么定位自己呢？或者说，经理人应该怎么判断自己该做些什么呢？"

亨利导师一副罕见的严肃表情，说道："首先，要了解自己为什么而做。不管管理者是管理一个公司，还是管理一个团队，从他们走上管理岗位的那一刻起，'你为什么而做'就是经理人必须要回答的问题。从这个问题的回答中，经理人可以直接看出自己对现在的工作究竟抱有一种怎样的态度。经理人也好，员工也好，在做一件事情之前，每个人都有自己必须要这么做的理由。不论经理人做这件事的目的和想法是什么，都不要对它们进行否认，而是要勇敢地承认。因为只有对自己诚实，才能真正做到毫无顾忌、义无反顾。"

"是啊，您说得对。对自己诚实，了解自己的管理动机，这是真正意义上作为经理人而迈出的第一步。可惜，大部分经理人都浑浑噩噩，甚至穷极一生也无法正视这个问题。因此，他们不知道自己在这样的位置上该做什么工作，他们一直都被顾虑束缚着。"杜伟男点头肯定道。

"其次，要有正确的自我定位。当经理人想明白'你为什么而做'后，就会发现自己对究竟要做什么事不再迷茫，也会看到现实与理想的真实差距。也只有在这个时候，经理人才会对公司或团队的未来有一个初步的认识和规划。"亨利导师说道。

李彬皱着眉头想了想，说道："也就是说，经理人要明白自己究竟适合怎样的方向，适合怎样的管理方法。当员工遇到问题时，经理人要搞清楚授权与反授权的异同，把握界限。"

"不错。"亨利导师点头表示肯定道，"最后，经理人要学会独立决定。独立决定并非是让经理人拒绝员工的建议，相反，经理人应该多倾听员工的想法，对员工的建议和意见来者不拒。（如图11-5所示）但需要注意，经理人需要对员工的意见进行筛选，不要什么都给领导呈上去。要知道，领导可没有那么多时间处理这些细节问题。"

图 11-5　经理人要做什么

大家都点了点头，然后在本子上疯狂地记着笔记。

等大家都记得差不多了，亨利导师笑眯眯地说道："好了，各位，今天的课程就到这里了。管理领域伟大的离经叛道者就是我，我就是——"

"亨利·明茨伯格导师！"大家很配合地捧场道。

"没错，就是这样，谢谢大家！再会！"亨利导师在大家的掌声中，满意地走下了讲台。

第十二章
马克斯·韦伯导师
主讲"全球环境"

本章通过四个小节，讲解了马克斯·韦伯的全球环境管理理论的要点。马克斯·韦伯对"全球环境"有着独到的见解。为了帮助读者更好地理解马克斯·韦伯的全球环境管理理念，作者用幽默诙谐的方式和浅显易懂的语言文字将马克斯·韦伯的观点呈现给读者。对管理学中全球环境管理部分有兴趣的读者，本章是不可错过的部分。

马克斯·韦伯

（Max Weber，1864—1920），德国著名管理学家、社会学家、政治学家、经济学家和哲学家，现代最具生命力和影响力的思想家。马克斯·韦伯求学于海德堡大学，任教于柏林大学、维也纳大学、慕尼黑大学等。马克斯·韦伯对当时的德国影响极大，他曾参加凡尔赛会议并代表德国进行谈判，还参与了魏玛共和国宪法的起草设计。

第一节　什么是全球环境下的管理？

转眼又到了去上管理学课程的日子，李、杜二人为了不耽误上课，于是早早来到礼堂准备讨论一下银河公司未来的发展。

"咱们公司虽然做得挺大，但还是有点局限。照我看，咱们应该创个品牌，接一些国外的业务。"杜伟男用食指指节敲着课桌说道。

李彬皱了皱眉头，说："嗯，这倒也是。不过，咱们企业承接国际业务的只有酒庄，你还想把哪部分做出去啊？"

杜伟男一笑，道："咱们公司能做出去的有不少呢，你看，酒庄、线上产品，还有咱们推出的各种精油、奶盐、竹炭皂、沐浴露、洗发露等洗浴产品，总之能做的部分很多，但是缺一个能进行整体管理的人。这要是辟出一个国际部门，你说让谁管理呢？总不能你我二人管理吧，咱也没那个时间啊。（如图12-1所示）"

李彬说道："这倒也是，你这个想法我之前也有过，只是这个挑大梁的人难以确定。"

二人讨论着，完全没注意到周围有已经坐满了人。

这时，一个胡子颇长的西方中年人走了过来，说道："小伙子们，你们想涉及国际业务，得先对全球化有个了解啊。正好，我今天的课程就是全球环境管理，你们不妨听听看吧！"

图 12-1　全球环境下的管理

说完，中年人便笑着走上讲台，说道："各位，先做个自我介绍，我是大家今天的管理学教师——马克斯·韦伯。正如各位所见，我是个德国人。"

说完，韦伯导师指了指手腕上的表，上面的时间刚好是上课开始的时间。

李、杜二人赶紧坐正，想听听韦伯导师是怎么讲解全球环境管理的。

只见韦伯导师在白板上写了三个大字：全球化。

"各位，所谓全球化，自然就是涉及两个以上国家的经营活动。"韦伯导师介绍道，"瑞典有位学者，名叫约翰·费耶维舍，他给全球化的定义是国内经济活动被国外以某种形式分割。常见的全球化活动有国际贸易、劳资输出、国际投资等。（如图 12-2 所示）"

全球化就是涉及两个以上国家的经营活动。

约翰·费耶维舍给全球化作出了具体定义：

国内经济活动被国外以某种形式分割。

常见的全球化活动有国际贸易、劳资输出、国际投资等。

图 12-2　什么是全球化

"现在所有国家都实现全球化了吗？"一位梳马尾的女生问道。

"我们可以这么说，所有国家都应该从全球化中受益。因为全球化不仅是一个事实，更是一个过程。"韦伯导师说道。

女生思考了一下，似乎没明白韦伯导师的意思。

韦伯导师继续说道："你看，我之所以说全球化是事实，是因为当前世界各国和各个企业间的相互依赖程度，比历史上任何时候都要高。我之所以说全球化是一个过程，是因为世界各国和各个企业间的依赖程度没有达到顶峰，而是越来越高。这个'过程'指的是全球化的发展过程，也是人类的发展过程，它还远远没有到达终点。"

"那，全球化的发展阶段具体怎么讲呢？"女生问道。

韦伯导师说道："我们如果探讨全球化的发展阶段，可以从历史发展和企业发展这两方面进行。我们先看历史发展，全球化是历史的进步，也是历史发展不断向高层次演变的过程。而企业的发展，总是以历史发展为基础的，是从一开始的被动发展逐渐向主动发展的。就像刚才那两个讨论拓展全球业务的男士一样，他们现在就是在主动寻求企业的全球化发展。"

女生点点头道："我明白了。可是，管理为什么要全球化呢？我觉得，管理只要维持原有的进度就好了啊，拓展国际业务，就在那个国家找个管理者来管理不就行了吗？"

"当然不行，孩子，你想得太简单了。"韦伯导师说道，"我们要探讨全球环境管理，就要先弄明白全球化内涵。我们可以从四个方面来理解全球化内涵。"

韦伯导师在白板上写道：产业层面上的全球化内涵，企业层面上的全球化内涵，国家或地区层面上的全球化内涵，世界层面上的全球化内涵。

"我们先看产业层面上的全球化内涵。"韦伯导师说道，"在全球化进程不断发展的今天，某一产业会在全球范围内扩张和活动，这能为该产业的发展带来机遇。我们再看企业层面上的全球化内涵。从企业层面看，全球化能帮助该企业在各国或地区扩张资本，并且让其获得商品信息，加强企业与该国或该地的商品交流。然后看国家或地区层面上的全球化内涵。全球化能让各个国家间加强经济方面的联系。最后看世界层面上的全球化内涵。全球化能促进商品、资本、服务、信息等方面在全球范围内的交流。"

杜伟男突然想到了什么，然后问道："韦伯导师，这个全球化管理有哪些模式啊？"

韦伯导师略一沉吟道："现在一共有四种全球化管理模式，分别是全球管理模式、国际管理模式、多国管理模式和跨国管理模式。"

这时，一位男生小声嘀咕道："全球管理模式不就是国际管理模式吗？国际管理模式跟多国管理模式又有什么区别，多国管韦伯导师摇了摇头，说道："哎，你听我接着往下说嘛。你看，全球管理模式指的是母公司集中决策，对海外业务实施严格管理把控的模式。一般来说，产品成本较低的企业会采用这种全球管理模式，以便将自己的产品或技术销往全球。（如图 12-3 所示）"

图 12-3　四种全球化管理的模式

杜伟男想了想，这种模式并不适合自己，因为银河公司的产品成本并不低廉，于是专心听韦伯导师讲后面的几种管理模式。

韦伯导师继续说道："再看国际管理模式。在国际管理模式下，母公司需要具备开发核心技术的知识与能力，再将知识与技术传达给子公司。一般来说，所承受的来自全球化和当地的压力都比较小的企业适合采用这种模式，因为它的成本并不低。"

杜伟男又想了想，银河公司并没有什么核心科技，所以这个模式也被他放弃了。

"再看多国管理模式。"韦伯导师继续道，"多国管理模式与国际管理模式正相反，它更适合所承受的来自全球化和当地的压力都比较大的企业。在多国管理模式下，母公司需要给子公司很大的自主权，相当于让子公司自治。这种管理模式比较自由，总部只需要定期对子公司进行指导和协调即可。但采用这种管理模式的公司很难向竞争对手发动全球性攻击。"

嗯，这个模式倒是挺适合银河公司的，不知道下一个怎么样。

韦伯导师继续说道："跨国管理模式是一种'母公司与子公司合作'的管理模式，比如母公司提供技术，各国的子公司提供配件等。各位可以根据需要，具体选择适合自己公司的全球化管理模式。"

刚才的男生恍然大悟道："噢，原来还有这么多讲究。在全球环境下，管理者也会面临各种机遇吧？毕竟管理全球化作为当代世界的发展趋势，其竞争已经越来越激烈了。"

"是啊，不只是机遇，还有挑战呢。"韦伯导师微笑着说道，"下面我们就来讲解一下全球环境带给管理者的机遇和挑战。"

第二节　全球环境带给管理者的机遇和挑战

"对于管理者来说，全球化进程的加快会给他们带来更大的舞台。（如图 12-4 所示）"韦伯导师说道，"但是，如果把管理者放在更大的舞台上，他们就会面临更大的竞争。"

图 12-4　全球化带给管理者的机遇

　　大家纷纷点头表示同意，俗话说"人外有人，天外有天"，站到更高的位置，自然就会接触到更多优秀的管理者。如果在管理上拼不过对手，那企业还怎么拿下海外市场呢？

　　"提到全球化，我们首先会想到经济全球化。"韦伯导师继续说道，"而作为当代世界的基本发展趋势，经济全球化又让企业所面临的市场竞争更加激烈。所以，管理者的思想必须随着新形势的发展而发生改变。也就是说，如果想让企业在经济全球化进程中生存下来，管理者就一定要积极探索现代管理模式，找到适合当前形势的管理新思维和新方法。"

　　杜伟男想了想，说道："在全球环境下，企业管理有没有更丰富的内涵？它肯定不会像现在这样吧？"

　　"当然。"韦伯导师笑着说道，"全球环境下的企业管理主要有两方面含义：第一，企业管理体制；第二，企业管理方式。

企业管理体制就是建设一个适应市场经济的科学管理制度，企业管理方式就是要打造一支能增强企业活力、提高企业效益的管理队伍。"

一位穿紫色衬衣的男士问道："韦伯导师，您能具体讲解一下我们在全球环境下会有哪些机遇和挑战吗？"

韦伯导师点点头道："各位的母语是中文，但大家都会说国际通用语——英语，对吗？那通过英语融入国际市场，这就是一个最明显的机遇。还有，我们可以学到世界先进的技术与管理方法，接触到之前没有涉及的产品，这也是非常不错的机遇。此外，中国是个发展中国家——无意冒犯，她发展得很快，中国的管理者在全球环境下，将有机会加入全球最优秀的公司。这对开阔眼界、提升能力、获取信息都很有好处。"

"真不错，那挑战又有哪些呢？"紫衬衣男士问道。

"至于挑战嘛，除了前面提到的竞争力问题，还有全球环境本身的问题。世界是复杂的，不同国家的人，其文化、背景和思维方式各不相同，"韦伯导师说道，"这让另一个国家的人较难适从。尤其是来自资本主义环境的管理者和来自社会主义环境的管理者，二者的思维模式和管理手段很难共通。"

大家都点了点头，有机遇就会有挑战，这是应该的。

"那我们应该如何应对全球环境下的机遇与挑战呢？"一个戴渔夫帽的女生举手问道。

韦伯导师笑着说道："是啊，你这个问题恰好是我接下来要讲的。前面几位管理学导师应该也讲过，任何管理都离不开文化。也就是说，成功的企业管理，应该是从组织文化出发，全企业都适应这种文化，发展组织文化，这样才能形成科学管理的核心。下面我们就来具体讲解一下，管理者们应该如何应对全球化的机遇和挑战。"

韦伯导师颇为高兴地说道："你们中国有个词叫'以人为本'，这个词我非常喜欢。因为管理者应对全球化的机遇和挑战的第一步，就是要学会人性管理。我们都知道，管理归根结底就是对人的管理。不管是领导管理经理人，还是经理人管理员工，都是在'人'的方面下功夫，这一点是全球通用的。企业里的人都是相互关联的，并非独立存在的。作为人，他们需要得到归属感和认同感。不管是国内企业，还是国外企业，管理者都要在这方面下功夫，要从'义务感、能动性与社会责任'出发，实现中西管理结合。"

李彬点点头，他是最赞成"人本管理"的。在他看来，企业是没有中国人和外国人之分的，而只有制度与人之分。

韦伯导师继续说道："管理者要应对全球化的机遇和挑战的第二步，就是管理者自身的形象管理。这里的形象管理并不单单指着装，更指管理类型。不管是东方企业，还是西方企业，其管理者形象无非是三种：强者型、能者型和贤者型。强者型管理者精通权术管理；能者型管理者精通技术管理；贤者型管理者精通公关管理。适应全球环境的管理者，一定要集合强者、能者和贤者的优势，并重点突出某一方面优势，这样才能更好地适应全球管理竞争。"

"那有没有废物型管理者啊？"穿紫衬衣的男士问道，大家听了哈哈大笑。韦伯导师也忍俊不禁道："应该是有的吧，但废物型管理者早早就被淘汰了，又怎能参与全球管理竞争呢？"

穿紫衬衣的男士也笑着点头表示认同。韦伯导师继续说道："管理者要应对全球化的机遇和挑战的第三步，就是人际关系管理。人际关系在国内和国外都是很重要的管理内容。在人际关系管理中，管理者要做到这两点，一是将员工变成'自己人'，二是善用'情感法则'，让员工对你没有抗拒性。"

是啊，杜伟男想道，中国原本就看重人情，"法外不外乎人情"也是不少管理者的口头禅。和谐管理是中国企业的特点，没想到国际上也在强调这方面的管理了。

韦伯导师说道："正所谓管人先治心，'得人心者得天下，失人心者失天下'。如果管理者们能用心管理，做到'将心比心''以身作则'，那员工也愿意尊重和爱戴管理者，愿意与企业同舟共济、荣辱与共。"

李彬说道："有句话我很喜欢，叫'视野有多大，事业就有多大'。作为管理者，我们确实应该把目光放得长远些。如果管理者都没有全球视野，不敢接受全球化挑战，那这个企业也做不了多大。"

另一个穿着干练的女士也点头赞同道："确实，我们公司之前的服务对象，都只是内地客户，所以我们一直在熟悉的条件下调配资源，与处在同样环境下的其他公司竞争。看来，我应该将目光放得长远些，这样才有利于公司的发展。"

韦伯导师笑着说道："不错，随着经济全球化时代的到来，企业也迎来了更大的发展空间。如果只靠本土环境运营管理，那到全球化进程深度发展时，公司就会因无法适应环境而出现危机。毕竟在全球环境下，公司的本土优势是很难复制的。不过，如何在全球环境下开拓市场、整合资源，还取决于管理者的视野和胸怀啊。"

大家纷纷点头称是，韦伯导师神秘一笑，道："既然说到这儿了，那我也请各位思考这样一个问题——你能担任全球性职务吗？"

第三节　你能担任全球性职务吗？

　　韦伯导师的话音一落，在场的各位就陷入了思考。

　　是啊，如果今天公司就上市了，成为国际性的企业，那我们有资格担任全球性职务吗（如图 12-5 所示）？

图 12-5　你能担任全球性职务吗

　　看着大家沉默的样子，韦伯导师一笑，道："没事，大家可以畅所欲言。"

　　刚才那位穿紫衬衣的男士率先摇了摇头，说："我肯定担任不了，我英语不行，其他国家的语言就更不会说了。"

　　"我也不行。"穿着干练的女士说道，"我一直在本土发展，在国际业务领域没有优势。"

"我觉得我可以，我们企业也有进军国际市场的意思。"杜伟男毫不犹豫地说道。

大家也开始七嘴八舌地讨论起来，等大家讨论得差不多了，一位穿得很潮的小男生不以为然道："'车到山前必有路'，担任全球性职务有什么难的？"

"想担任全球性职务，可没那么容易啊。"韦伯导师说道，"要知道，想成为全球环境下的管理者，就必须具备四种关键能力——国际商务能力、文化适应能力、视角转换能力和创新能力。各位想想，你们都具备这四项能力吗？"

大家沉吟片刻，大部分人都露出了沮丧的神色。

韦伯导师赶紧说道："大家不要垂头丧气嘛，其实，想拥有这四种能力也并非难事。我们只要从经历中学习，从与人的关系中学习，从工作项目中学习，就能培养这四种能力了。"

"您能讲解一下，我们在现代企业管理中如何做，才能尽快担任全球性的职务吗？"一位戴大框眼镜的女生说道。

"当然，这位同学。"韦伯导师说道，"其实，我们要想担任全球性职务，就要审查自己在公司中有没有权威性。企业家也好，经理人也罢，大家都是从事管理活动的，这种作决策的优势是原本就存在的。所以，管理者们一定要发挥自己的才能，让员工们认识到你们的权威性，这样才能让你的话有分量。"

这话说到了不少人心坎里，毕竟很多人出来做管理，就是因为管人总比被管"高级"些。

韦伯导师清了清嗓子继续说道："再有，就是现代企业管理很讲究文化性，所以，想担任全球性职务就要有一套具备战略性、前瞻性的发展目标。从管理上看，制度是体现文化的最直接的载体。说白了，管理本身就是一种文化，而不只是一门学科。每家企业都有自己的沟通语言、信仰和价值观，正是这些文化性的东西，才带动了现代企业的管理技术及各项指标。一些全球性的大企业都有自己独特的管理文化，比如松下电器、妙德公司、惠普公司等都有各自的企业精神。给员工们制造一个'工作文化'环境，才能站在全球性的舞台与其他企业竞争。"

"当然，光有文化性是不够的，若想担任全球性职务，你还要让管理带有理念性。"韦伯导师继续说道，"我们已经提到过，全球性的公司其实也讲究人本管理，所以，个人能力也是管理者需要特别重视的方面。毕竟企业是以利益为先的，所以管理者必须保证个人能力能得到充分实现和发挥，以此保证企业的活力。"

杜伟男点点头，确实，现在经济全球化进程越来越快，不仅银河公司想向全球扩张，R市还有很多企业都想把公司开到国外去。既然大家都有这个想法，那自然就有全球性职位的需求。想到这儿，杜伟男举手问道："韦伯导师，就算我们能找到全球性管理者，他们也能担任全球性职务，那他们应该怎么做才能管理好全球性公司呢？还请您说得具体一些。"

韦伯导师点点头，说道："当然没问题，这第一步，就是要对海外公司的企业文化有一定的了解。比如西方国家的企业大多采用'分食制'，而国内企业大多采用'同食制'。虽然子公司会根据母公司的机制发展，但由于子公司所处的文化背景和行业背景不同，所以管理者在进行管理时也要考虑到这一点。在管理子公司时，管理者一定要先了解子公司独有的文化，才能有的放矢地对其进行管理。"

"第二步，就是要了解当地顾客的需求。"韦伯导师继续说道，"各位可以想想，每个地区的顾客都有自己的特点和需求，何况是海外的顾客呢？所以，在管理公司之前，我们还要搞清楚用户的需求。"

"嗯，这倒是，毕竟是去海外公司做管理工作，这些方面不准备好了可不行。"李彬想道。

韦伯导师接着说道："这第三步嘛，就是要对子公司的员工和管理者们进行分析。作为管理者，你可以不了解你的员工，但你一定要正确认识他们，学会观察和倾听他们的需要。虽然我们不一定要满足员工的要求，但一定要让他们信任你、信服你。不仅是员工，其他管理人员也是我们的分析对象。学习各种人的长处，才能让我们的能力获得不断的提升。"

"在做好调查后，我需要将子公司和母公司的管理理念相协调，同时根据母公司的管理变化，不断更新子公司的管理系统，做到'大同一，小分异'。"韦伯导师说道，"而且管理者一定要具有创新精神，这样才能更好地带领公司。"

大家都听得频频点头，等记笔记的同学都停笔后，韦伯导师笑着说道："各位，现在时间刚好下课，我也该回去休息了。那么，大家晚安。"

同学们纷纷起身鼓掌，送别这位准时的德国管理学家。

第十三章
切斯特·巴纳德导师主讲"团队"

本章通过四个小节，讲解了切斯特·巴纳德的团队管理理论的要点。在切斯特·巴纳德看来，企业离不开团队，团队也离不开管理。为了帮助读者更好地理解切斯特·巴纳德的团队管理学，作者将切斯特·巴纳德的观点熟练掌握后，又以幽默诙谐的方式和浅显易懂的语言文字呈现给读者。对团队管理有兴趣的读者，本章是不可错过的部分。

切斯特·巴纳德

（Chester Barnard，1886—1961），现代管理理论之父。切斯特·巴纳德是社会系统学派的创始人，关于团队管理，他有着独到的见解与贡献。在现代管理学领域，巴纳德可以说是首屈一指的大师级人物。有一个有趣的比喻是：切斯特·巴纳德对现代管理学的贡献，就像法约尔和泰勒对古典管理学的贡献一样。他既是优秀的管理者，又是位成功的商人。美国《财富》杂志盛赞他为"可能是美国适合任何企业管理者职位的具有最大智慧的人"。

第一节　难道群体就是团队吗？

转眼又到了上管理学课的时候，杜伟男早早地完成了工作，看着时间还早，于是兴致勃勃地到银河公司的员工区绕了一圈。可是，就因为绕了这一圈，杜伟男心里憋了一肚子火。

原来，银河大厦的五层和六层是会议室，每间会议室都有前后两个门。为了像班主任一样能随时从门玻璃上看到情况，杜伟男特意叫人打了几个跟教室一样的门。

可不看不知道，一看气够呛，几乎所有会议室里的情形都是主持人在上面讲，团队成员在下面唠，玩手机的，聊天的，甚至还有偷吃面包的。

杜伟男脸上的黑线越来越多，当他走到最后一间会议室时，看见一位戴眼镜的女生正在台上讲着什么，而台下的人听得都很专注，整个房间的气氛都是活跃且有秩序的。（如图 13-1 所示）

杜伟男舒了口气，感觉好受了不少，还好自己的公司里还是有几个正常团队的。

不过，这个戴眼镜的女生有点眼熟，杜伟男总觉得自己好像在哪儿见过她。

正想着，里面的女生抬手看了看腕表，然后微笑着让大家散会了。看样子，她好像是着急去什么地方似的。

女生匆匆出来，看到门口的杜伟男也吃了一惊。

"杜总？您好。"

图 13-1　什么是团队

　　杜伟男赶紧说道："嗯，你好。你叫什么名字？新来的？"

　　女生点点头："您好，我叫梁欢，是刚上任的市场营销总监。"

　　说完，女生又看了一眼表，看上去有些心不在焉。

　　"你是着急去哪儿吗？不行我送你一趟吧。"杜伟男说完，自己也有点奇怪。等下还有管理学课程呢，自己怎么能说出这样的话？万一对方真让自己送，自己不就来不及上课了嘛。

　　还好，女生犹豫了一下说道："不用了，杜总，我自己打车去就行。"

　　"还是我送你吧，反正我也没事。"杜伟男说完，就在心里给了自己一拳，怎么回事？

　　女生有些不好意思地说道："那就麻烦您了，我在 R 大有个管理学课程。"

啊？女生话一出口，杜伟男仔细看了看她。

"哎！你不是法约尔导师课上的那个……"杜伟男突然想起来了，这个女生正是在法约尔导师的课上表现优异的那位女生！

"您也在那里上课？好巧。"女生也有点惊讶。

一路上，二人聊得很投机，不知不觉就到了礼堂。刚进门，李彬和纪天敬就对着二人招了招手，问："呦，杜总，身边这位是？"

杜伟男脸一红，想到之前自己调侃李、纪二人，他心里明白李彬是故意的。

"去去去，赶紧上课了。"杜伟男有些局促地说道。

李彬正欲调侃一下他，一位西方老者就颤颤巍巍地走上了讲台。

"咳咳，大家好啊，我的名字是切斯特·巴纳德，是各位今日的管理学讲师。"巴纳德导师笑眯眯地说道，"啊，今天我们的内容是什么来着……哦对了，团队管理！"

"哇，这个老头真的没问题吗？""大家看着巴纳德导师一脸黑线地想道。

"你们别看我年纪大，脑子还是很清楚的，不然怎么给各位上课啊？"巴纳德导师仿佛看出了大家的疑惑，于是赶紧对大家说道。

杜伟男赶紧给巴纳德导师找了个台阶下，说道："巴纳德导师，正好，我很需要团队管理方面的知识。我们企业的团队，除了我身边这位梁欢女士所带的团队之外，其他团队都是一团糟，这让我很苦恼。"

巴纳德导师摇了摇头，说道："咳咳，孩子，你以为团队是什么？难道一群人聚在一起就算团队了吗？如果你不加强团队建设，那所谓的团队也不过是一群乌合之众罢了。"

嗯，这句话倒像管理学家说的。大家立刻聚精会神地听下去了。

巴纳德导师清了清嗓子："团队建设的重要性，想必各位都是知道的。在现代企业管理中，团队建设早已成了重要的一个环节。（如图 13-2 所示）团队建设对公司发展、员工发展有着独一无二的意义。团队的各个成员都要明确团队目标，并围绕这一目标进行活动。所以，团队聚在一起的前提就是有共同目标。"

所谓团队建设，就是有组织、有计划地加强团队成员之间的沟通交流，培养团队成员之间的默契，增进彼此之间的了解和信任。

图 13-2　什么是团队建设

杜伟男点点头，说道："您说得太对了。有共同目标的一群人才叫团队，没有的只能叫团伙。"

巴纳德导师笑着说道："是啊，团队是指有能力有信念有梦想、因为共同的目标而组合在一起的一群人，他们拥有高执行力、高战斗力。这个共同的目标正是把他们凝聚在一起的纽带，没有了它，团队不过是一盘散沙。"

想起之前看到的场景，同一个团队里的成员，玩手机的玩手机，看视频的看视频，吃东西的吃东西，一点儿紧迫感和参与感都没有，杜伟男的心里不由得焦虑起来。

作为企业家，他当然明白有目标的团队会越来越好，越来越强大，也会坚定不移地向前发展。相反，没有目标而聚在一起的那群人，不堪一击，用"大难临头各自飞"来形容他们一点也不为过，而且往往是大难未至，他们就已经抱头鼠窜了。

巴纳德导师说道："一个团队的成立，如果不是基于某个目标或者目的之上，那么这个团队的成员，一定是盲目的，他们不知道自己工作是为了什么，他们更不知道努力了会有怎样的回报。这种模糊不清的未来就会使他们失去工作的热情。如果团队中所有人都如此，那么团队就没有了存在的意义。"

"那我们应该如何设定团队目标呢？或者说，设定团队目标有什么要求呢？"一位戴眼镜的男士急切地说道，他似乎比杜伟男还要着急。

巴纳德导师斩钉截铁道："团队目标一定要简明扼要，同时包括以下三个要素——什么时候？达到什么效果？为了达到效果要用什么方法？只要包括这三点，它就是一个好的团队目标。比如我最喜欢的一条团队目标就是'100天完成建筑封顶，撸起袖子，干就完了！'"

这导师还挺有激情的，大家都笑了。

"此外，团队目标还要在内部达成共识，而且一定要清晰明确、切合实际。"巴纳德导师说道，"团队管理者不能睁眼说瞎话，让团队成员看笑话。就像刚才那个目标，本来需要100天才能完成的工作，如果管理者胡说成'30天完成'，那这个目标设不设的也没啥意思。"

确实，一个团队的目标，对成员有着鞭策和激励的作用，使他们有方向感、产生积极的情绪，更有助于成员们集中精力朝着终点前进。如果目标本身就是错的，那未来肯定走不对。

"巴纳德导师，光有目标哪行呀，我们平时管理团队还得有其他方法吧？"眼镜男问道。

"嘻，你个小年轻，怎么比我老头子还着急。"巴纳德导师笑着说道，"别急，你且听我慢慢说——"

第二节　你应该这样管理好一个团队

什么？

当大家听到巴纳德导师的话后，纷纷露出了惊讶的表情。

原来，巴纳德导师说了这样一句话："管理下属，首先要站在下属的角度换位思考！"

刚才的眼镜男一脸吃惊，说道："我说巴纳德导师，您确定吗？我们可是管理者，管理者当然要有管理者的思维了，要是把自己当成下属去思考，还怎么带领团队进步呀？"

其实，梁欢好像明白巴纳德导师的意思了。她在一旁说道："您的意思是，同理心？"

巴纳德导师笑眯眯地说道："哎，你说对了，我要说的就是同理心。管理者在管理下属时，常常会觉得一头雾水，因为他们不知道员工为何会出现这样那样的心理。其实，只要管理者站在下属的角度，用下属的思维方式进行思考，就很容易察觉员工的心理活动，也就清楚员工做出该行为的原因。"

"同理心有这么重要吗……"另一个戴帽子的女士小声嘀咕着。

"当然了，孩子，"巴纳德导师认真道，"同理心对管理者相当重要。要解释这个问题，我们需要先就企业中的领导力一词进行解读。领导力，就是处理各种复杂事务的能力。通常情况下，领导力需要一定的客观性以及果断的决策能力。有很多证据都表明，同理心在领导力及领导关系中至关重要。在管理中，同理心又分为'认知同理心'和'情感同理心'。"

巴纳德导师将这两个名词写到了白板上，然后说道："所谓认知同理心，指的是管理者通过创造一个舒适、友好的环境，来平衡管理者与员工间的关系。这种环境能鼓励员工提高工作效率，还能让每个管理者与员工实现'双赢'。此外，管理者也能体现出良好的管理能力。经研究发现，认知同理心越高的员工，其幸福感与职业满意度也就越高。"

"所谓情感同理心，指的则是管理者应当与员工建立相互信任、密切合作等关系。这对最大程度提高员工的参与度至关重要。"巴纳德导师笑眯眯地说道，"下面我们来举个例子，大家听了就知道了，谁愿意跟我来几场对手戏？"

"我来！""眼镜男"摩拳擦掌地走上了讲台。

巴纳德导师笑着说道："好！假设我是领导，你是员工。现在，你要对我提加薪的事，而我则要告诉你公司目前没办法给你加薪，好吗？"

"没问题。""眼镜男"说道，"老板你好，我觉得我干得挺不错的，我想加薪。"

巴纳德导师说道："根据公司的政策，你还不够加薪条件。到了合适的时候，我们会根据员工的表现和成绩，通知员工提交加薪申请。"

"哦，好的。""眼镜男"说道。

巴纳德导师对台下说道："看，各位，这一类领导属于管理型领导者，他们的认知同理心与情感同理心都较差，因此，他们不会抓住跟员工沟通感情的机会。他们缺乏同理心的原因有两个，一个是有意识地回避，另一个是他们自私自利、只关注自己。这种领导，通常会与员工有很大的隔阂。下面，我们再看另一种类型的领导。（如图 13-3 所示）"

不用急，你这么优秀，一定帮你争取

领导，我想问下加薪的问题

你们领导好有同理心哦，我们的只会说我不配

领导说我有加薪机会，还夸我优秀呢

图 13-3　管理者的沟通艺术

巴纳德导师示意"眼镜男"继续演。"眼镜男"说道："咳咳，老板，我想加薪。"

巴纳德导师立刻说道："听说你想加薪？毫无疑问，你是我们公司的精英员工，我也很能理解你现在缺钱的现状。但是，根据公司的规定，你还不满足加薪条件。可是我认为你理应获得加薪。我保证，我会尽力帮你争取，这样才公平。"

"啊，谢谢您！""眼镜男"下意识地说道。

巴纳德导师问道："我这么说，给你的感觉是不是比刚才好？"

233

"眼镜男"点点头，说："确实，我觉得您这么说我很受用。"

巴纳德导师对大家说道："各位，这一类领导者就属于亲民型领导者。他们的认知同理心弱，但情感同理心很强，他们在工作中懂得与员工分享情感。但是，他们有时也会受到情感困扰，而造成一些决定不客观。这类领导更容易根据情绪而非事情本身来决定问题走向。这类领导很容易产生职业倦怠，因为这种情感同理心在一定程度上会让他们精疲力竭。好了，孩子，我们继续。"

"老板，您好，我想加薪。""眼镜男"继续说道。

"哦！我对你的要求完全理解，而且，我也非常认同你要求加薪的理由。你应当获得加薪，这是毫无疑问的。但是，我看了我们公司对员工加薪的规定，你还不符合要求。让我来看看我有什么能帮你做的。我会想办法处理你的请求，我也很感谢你来跟我谈这个，因为基于你的表现，我当然有权利提出给你加薪。"

"谢谢您，您知道我家里的情况，我现在真的需要很多钱。我妻子不但没有工作，而且还怀孕了，她就算找工作，也要等生完孩子才能找。""眼镜男"临时给自己"加戏"，然后一脸坏笑地看着巴纳德导师。

没想到，巴纳德导师游刃有余地说道："是啊，我完全理解，你的经历我也亲身经历过。对于这种事情，你还是先不要担心，我会尽我最大的努力帮助你，祝你生活顺利！"

大家都笑了。巴纳德导师趁机说道："看，这类领导属于情感型领导者，他们的认知同理心与情感同理心都很高。他们既能在工作中给员工创造一个温暖友好的环境，又能跟下属建立轻松和谐的关系。然而，这类领导有个缺点，就是可能为了解决员工的问题，而陷入无止境的沟通中。他们会花大量时间在揣摩下属和客户的思想与感受上。通常情况下，这类领导都需要一个情感同理心低的合作伙伴，来为自己执行决策。继续吧，孩子。"

"眼镜男"第四次说道："老板您好，我想加薪，我觉得我干得挺不错的。"

巴纳德导师说道："对于你要求加薪的理由，我表示完全理解，也非常认同。毫无疑问，你的工作能力十分优秀，而且在这段时间内表现得很突出，我也非常欣赏你今天过来找我谈话的举动。我们先讨论一下你的加薪请求。公司会根据员工的表现予以加薪和提供奖金，可是，按照公司的政策，你还达不到加薪的标准，如果你能继续保持优异表现，公司就会给你加薪。怎么样？我期待你日后会有更好的表现！"

"行，我一定好好表现！""眼镜男"不由自主地说道。

巴纳德导师一笑："这类领导属于高效型领导者。他们的认知同理心高，而情感同理心低，这通常是最高效的领导者所具备的。他们能为员工创造一个舒适、充满积极向上氛围的工作环境，同时能跟员工建立融洽的关系。这类领导者会带给员工安全感，因为他说一不二，且情绪化程度低。在这种情况下，认知同理心高的领导，能帮助员工提高敬业程度和工作效率。"

"啊，我明白了，您的意思是根据团队成员的不同，选择合适的交流方法？""眼镜男"恍然大悟道。

巴纳德导师点点头，示意男生可以下台了，并说道："是的，孩子，谢谢你刚才的配合。你说得没错，作为一名管理者，培养认知同理心并合理控制情感同理心，是一件非常重要的事情。如果管理者能很好地控制这两种同理心，就能让员工产生亲密感和安全感。毕竟，管理者会'说话'是件很重要的事啊。"

第三节　一个团队管理者的说话之道

巴纳德导师话音刚落，刚才戴帽子的女士便说道："确实，我就经常被员工吐槽不会说话。但我个人却没这种自觉，相反，我觉得我还挺会说话的。"

女士刚说完，又有一些观众纷纷点头应和。

"是啊，员工们老说我严厉，我觉得我挺和善啊。"

"员工们老说我高冷，我挺低暖的啊。"

"同事老让我学说话之道，我活了三十年，还能不会说话？"

等大家抱怨得差不多了，巴纳德导师笑眯眯地说道："说完啦？其实啊，团队管理者真的应该讲究一点说话之道。毕竟你们是管理者，有时候，可能你们的一句无心的话就会让员工感到扎心。（如图13-4所示）所以，大家平时说话都要有点技巧才行啊。

图13-4　管理者的说话之道

毕竟 21 世纪是讲究团队管理的时代，在这个时代，几乎所有的事业都是围绕着团队进行的，不好好维护团队可不行啊。"

"是的，现如今，单凭个人的力量已经很难取得什么成就了。"杜伟男点头称是道，"那，我们应该如何做，才能让员工觉得说到他们心坎上了呢？"

巴纳德导师想了想说道："先从改变口头语开始吧。领导者可以将口头禅从'我'改成'我们'；让员工的行为从'我要努力'变成'我们一起努力'；让员工的心理从'我要赢'变成'我们要共赢'。这样就可以给员工带来一种潜移默化的影响，使员工形成'我们是一个团队，我们要一起努力，一起获利'的意识。"

戴帽子的女士说道："巴纳德导师，我想问的是，我们学会说话之道的目的是什么呢？就是为了让员工好好干活吗？那只要通过激励制度，我们就可以让他们有效率地工作啊。"

巴纳德导师说道："噢，女士，如果你会一些说话之道，就可以从员工处获取信息反馈。要知道，反馈可是管理者的一把利器啊。毕竟，坏消息通常不会传到管理者耳朵里，所以管理者往往只能听到下层员工希望他们听到的事情。"

杜伟男听得直点头，确实，一名优秀的管理者，如果能够从团队成员处得到真实反馈，那么他们就能在第一时间做出解决问题的行为。而且，对于一些基层管理者来说，能如实地对高层管理者反映问题，也是一件非常重要的事，特别是当基层管理者不知道如何处理出现的问题时。银河公司的很多管理者都是"报喜不报忧"，这也是让杜伟男颇为苦恼的一点。

巴纳德导师继续说道："如果管理者怀疑员工不愿向自己进行真实汇报，那就需要对自己的行为稍作改变。真实的反馈通常来自有效的沟通，只要管理者多与员工进行交流，并从中获得有效信息即可。"

"您快讲一下我们要怎么说，才能从员工处获得反馈信息吧。"杜伟男有些急迫道。

巴纳德导师说道："别急，且听我慢慢讲来。比如一些公司经常问员工这样的问题'如果你的工作可以作出改变，你会选择改变什么'，这时候，员工往往会试探管理者的心意，想探知自己应当做出什么样的改变，才能更契合公司的现状，才能解决公司目前面临的问题。这时候，我们可以这样问'如果你是我，你会想要做一些怎样的改变'。"

杜伟男听得一头雾水，这有啥区别吗？

巴纳德导师说道："当员工感到惴惴不安时，管理者就很难从员工口中获得真实的反馈。但只要重新组织语言，用一个简单的方法，让员工尽量用'我'来代替'你'进行回答即可。这么说吧，员工在遇到问题时，经常作为旁观者对当事人指手画脚进行指责，比如'小方上班迟到早退'等。此时，管理者要让员工来引领改变，抛给员工这样的问题'如果你是他，你会怎么做'。此时，员工就会很热情地发表自己的意见，比如'我会安装打卡系统''加大迟到的处罚力度'等，这些才是真实有效的反馈内容。"

"巴纳德导师，我想让员工明白我是打算带他们闯出一片天地的，也想让他们知道我的心意，这时候，我应该如何表达呢？"刚才的"眼镜男"恳切地说道。

"嗨，这很简单。首先，你可以问员工这样一个问题，'在工作中你感到最乏味的事情是什么'。"巴纳德导师说道。

"噢，他们肯定说没有乏味的事情。""眼镜男"摊手说道。

巴纳德导师说道："这个问题能让管理者走进员工的内心，也能从他们的答案中寻觅一些蛛丝马迹。比如员工的答案如果是

'没有乏味的事情'，那他就只是想跟管理者简单走个过场，走个形式；如果员工列举出很多乏味的点，但他们的工作效率却很高，则证明他们对这项工作很重视。管理者也可以根据他们的反馈，来改善他们的工作环境。"

"对呀，您说得没错，看来我是要多鼓励大家'吐槽'了。""眼镜男"说道，"员工的回答能让我对基层环境有更深刻的认识。我只有打造出真正能提高员工工作效率的环境，才能将公司的利益最大化。如果员工指出的工作中最乏味烦琐的部分，恰好也是最赚钱的部分，那么，我就应当试着改变布置任务的方式，或者提高这部分工作的待遇与福利。不要让员工认为我问的问题都是无足轻重的，而要让员工看到公司做出的改变。"

巴纳德导师狡黠一笑，说道："你还可以问问员工，'你认为公司明年会是怎样一番景象'。问这个问题，就是为了让员工设想一下，他们明年在公司会做些什么。根据员工的回答，你们可以明确，自己引领的团队在员工心目中的发展方向是什么。如果你们发现，员工心目中的方向与自己所期望的发展前景不一样，那作为管理者，你们就需要及时与员工进行沟通，把大方向拉回正轨。"

确实，杜伟男不住地点头，真实的反馈都来自于有效的沟通，若自己真想洞察员工内心真实的想法与建议，营造团队交互力，那就应当从这方面入手，这样才能让沟通变得更加简单有效。

"对了，各位，你们都知道《拿破仑法典》吗？"巴纳德导师话锋一转道。

"《拿破仑法典》？"

"当然知道啦！"

"资本主义国家最早的一部民法法典嘛。"

大家纷纷各抒己见道。

巴纳德导师则笑眯眯地说道："这团队中啊，也要有一套'拿破仑法典'才行啊！"

第四节　团队管理的"拿破仑法典"

巴纳德导师摆了摆手平静地说道："各位，我知道大家的团队有些有'法典'，有些没有，这都不要紧。只要大家按照我们今天讲课的内容，回去将团队制度建设起来即可。"

杜伟男说道："我们企业的团队就像一盘散沙，除了欢欢带的团队，其他团队就像您说的一样。这是个群体，看来，我回头真要严抓团队工作了。"

"要建设团队，就要有一个明确的制度，也就是我刚才说到的'法典'。"巴纳德导师说道，"一个团队是否拥有明确的团队制度，这些制度是否被严格执行，是关乎团队生存和发展的重要问题。如果能够拥有一个明确的团队制度，团队管理的效率就会提高。如果团队成员能够遵循这一制度，那企业的经济效益也会提高。如果管理者能够不断更新这一制度，那团队和企业都会获得生生不息的生命力。"

杜伟男点点头，之前大家已经学过了，在企业管理中，管理者需要形成一个共识——"要让制度管人，不要让人管人"。

虽然大多数管理者都知道这一点，但如何制定明确的管理制度，如何让团队中的成员能够认真执行这些制度，却成了让大家头痛的问题。

巴纳德导师说道："想要让制度真正能够在团队中发挥应有的作用，就需要在制度制定方面多下功夫。具体来说，管理者应该首先做好以下几点工作。首先全面总结，对症下药。管理制度的制定，需要考虑的并不仅仅是对错问题，更多的还是要考虑是否适用的问题。团队管理者应该对团队进行全面的评估，然后再去衡量制度的轻重。制度过于严格容易让成员产生逆反心理，过于轻松又会让制度形同虚设。因此，'下药的剂量'一定要把握准确。"

"是啊。""眼镜男"点头说道，"我从其他地方学来的团队制度，就完全不适合我们团队。"

"是啊，所以我们一定要根据团队的实际情况来制定具体制度。"巴纳德导师继续说道，"其次，充分协商，保障实行。没有哪个成员喜欢被制度所束缚，如果管理者在制定制度的时候，不充分考虑成员的感受和意见，强迫成员去接受制度，成员就会产生逆反心理。（如图 13-5 所示）为了防止这种情况的发生，大家可以通过'协商'的方式与成员共同探讨一些问题，在一些方面征求成员的意见，进而出台更为完善的管理制度。虽然是共同协商，但更多的还是由管理者主导，不过，大家可以通过这种方式让成员产生参与感。"

大家听得频频点头，催促巴纳德导师继续往下说。

"再有就是，简单易懂，标准明确。制度要尽量简洁，能用一条制度说清，就不要再使用另一条。同样的，制度越烦琐、责任越分散、数量越繁杂，就越容易出现问题。同时，制度的制定还要明确标准，明确哪些可以做，哪些不能做，哪些应该做，做错了什么会遭到什么惩罚。这些内容都需要明确清楚，一个方面含糊不清，就会让整个制度失去准确性。"巴纳德导师说道。

图 13-5　团队管理的潜规则

"哎，对这一点我真是深有感触。"一个穿蓝卫衣的男生说道，"我们团队的问题就是责任分散，一出问题都不知道该由谁来负责。"

"哎哎，让巴纳德导师继续说。"另一个穿红 T 恤的男士说道。

巴纳德导师一笑，道："最后一点，就是第四点，要令行禁止、因时创新。制度出台之前要经过充分考虑，一旦颁发就不要出现朝令夕改的现象。否则不仅会削弱团队的执行力，同时还会有损制度的权威性。不朝令夕改不意味着不更改，制度要根据现实情况进行改良和创新。因此，作为管理者，要把握好'改'与'不改'之间的界限。"

刚说完，一个留着胡须的光头男士说道："我就不爱给我们团队的成员设定那些条条框框，大家拼就完了呗。"

"那不行，俗话说，'国有国法，家有家规'，团队也应该拥有一个所有成员共同遵循的规章制度。一些团队的管理者不喜欢进行制度建设，认为这些条条框框多余。但实际上，制度是一种重要的判断标准，同时也是工作有序进行的一种保障。就像现在热门的智能机器一样，它们之所以能够自行处理任务，就是因为被植入了固定的程序，这种程序其实就是一种'制度'。"巴纳德导师严肃地说道。

光头男士想了想，说道："也是，要是没点儿规矩，大家也就没有凝聚力了。"

巴纳德导师笑着说道："是啊，团队总要经历三个阶段。最开始成立时，大家彼此不熟悉，通常是各做各的。等彼此熟悉且懂得配合时，就到了磨合期，磨合期主要是磨合大家的性格。等到磨合期一过，这最后一个阶段就是加强凝聚力阶段了。只有加强凝聚力，才能让团队真正变得成熟。"

"总而言之呢，团队的建设离不开一个好的制度。"巴纳德导师说道，"为了增强团队的凝聚力，也为了给企业创造财富，更为了给成员们一个好的前程，我们一定要严抓团队建设。好了，同学们，今天的管理学课程就到这里了，各位晚安！"

大家立刻爆发出热烈的掌声，送别这位可爱的管理学大家。

下了课，杜伟男有点羞涩地说道："那个，咳，梁欢女士，你，你能不能，那个，就是……"

李彬在一旁看不下去了，正欲上前帮老杜一把，杜伟男却话锋一转道："你能不能帮我把其他团队都带一下？你能力强，又有责任心，一定要好好干啊！"

李彬一脸黑线，这个杜伟男就是口不对心。

梁欢倒是很干脆，回道："没问题，杜总，我一定不辜负你的期待，那我先走了。"

杜伟男立刻说道："好，我送你！"

李彬跟纪天敬看着二人笑了，李彬自言自语道："这回，杜伟男可为公司挖到一个人才呀。只是，光有抓团队的人才还不够，还得找一个懂运营管理的人才才行啊。"

第十四章
玛丽·帕克·芙丽特
导师主讲"运营"

本章通过四个小节，讲解了玛丽·帕克·芙丽特的运营管理理论要点。作者在解读玛丽·帕克·芙丽特思想的同时，加入了风趣幽默的例子，让读者能在不知不觉间提升自身的运营管理能力。

玛丽·帕克·芙丽特

（Mary Parker Follett，1908—1984），管理理论之母。玛丽·帕克·芙丽特一辈子都没有结婚，而是全身心扑在了管理学研究上。她不仅是一位在管理学上有重大建树的一流学者，而且在政治学、经济学、法学和哲学方面都有着极高的素养，被称为"管理学的先知"。在管理学界，她提出了独具特色的新型理论。管理学界有人认为，玛丽·帕克·芙丽特的思想至少超前了 50 年。20 世纪 60 年代后的管理学者，大多都能从玛丽·帕克·芙丽特那里获得启示。

第一节　运营管理是什么？

银河公司董事长办公室内。

"我想在公司成立一个运营管理部，由欢欢负责。你也看到她的能力了，绝对没问题。你觉得如何？"杜伟男试探地问道。

李彬也比较赞同，说道："跟咱们公司其他男高管比起来，反而天敬和欢欢这两员女将更优秀。其实，我也早想在公司成立一个运营部了，但手头事情太多，一直也抽不出时间来做。既然你有这个想法，那就让欢欢和天敬都试试吧。"

杜伟男的想法与李彬一拍即合，二人又商量了一下细节，而后四人便一同出发去 R 大礼堂了。

一进礼堂，四人就觉出了不一般的气氛。今天礼堂里的男士们都格外兴奋，女生们也是一脸好奇地窃窃私语。

就座不久后，今天的管理学导师款款走上讲台。

"哇哦！"全礼堂的同学都沸腾了，竟然是位女导师，还是位相当漂亮的女导师！她身材纤细消瘦，面容秀气，举手投足间都带着一种高贵的气息。

"各位贵安，我是今日的管理学导师玛丽·帕克·芙丽特，今天我的授课内容是运营管理。"玛丽导师绽放了一个十分优雅的微笑，让现场再次欢快起来。

李、杜二人也很高兴，倒不是因为今天有女导师上课，而是因为他们恰好需要一堂运营课。

玛丽导师优雅地说道："运营管理，想必各位都听过这个词吧。但是，却很少有人能说得清它究竟是做什么的。（如图14-1所示）我之前见过不少企业，它们虽然设置了运营部，但实际上却是综合服务部。还有更多企业，压根就对运营管理不'感冒'。"

图 14-1　设一个运营部门很有必要

"那这是为什么呢？"一个男生很捧场地问道。

玛丽导师微微一笑道："主要还是因为比起管控过程，企业家们更关注经营成果。不管是考核也好，奖惩也罢，其实都是为了获得好的结果。但他们却没有考虑到，如果不对运营过程进行管控，成果又怎么能获得保证呢？"

"那，运营管理就是过程管理吗？"一位女生疑惑地问道。

"当然不是，亲爱的。"玛丽导师温柔地说道，"其实，运营管理就是通过人为干预的模式，来影响最终产生的结果。这样才能通过运营分析制定战术，纠正偏差，引导项目和企业向定好的目标不断前进。"

女生点点头道："那，从运营部门的职能方面看，我们最要紧的工作是什么呢？"

玛丽导师说道："从职能方面讲，运营管理部门最主要的工作就是制订运营计划。"

"运营计划，就是战略规划？那不是目标管理的内容吗？"女生再次疑惑道。

"虽然这很容易混淆，但二者并不一样。"玛丽导师认真地说道，"你看，运营计划的特点是有明确的时间、人物、事件和过程，还有风险评估、预算、预期收益和结果等。运营计划是用来指导企业完成战略规划的。所以，在制订运营计划时，相关人员还要针对运营计划的内容，来做一份与其对应的分析模板，以便在后期进行分析时使用。"

看着大家没太明白的样子，玛丽导师善解人意地说道："举个例子吧，比如某个企业打算在 T 市开拓市场，那运营部的任务就是'确定要在 T 市做什么样的活动，时间是多久，我们应该如何开展活动，在活动中会遇到对手带来的何种风险，我们要如何应对这些风险，如果应对失败我们要做出什么样的替换方案，付出的成本和代价是什么，企业能够收获什么……'总之，这些内容都是运营管理的一部分，只有完善这些内容，企业的开发团队才能进行有效工作。"

"这些都是应该做的，还有其他需要做的吗？"女生歪着头问道。

玛丽导师笑得很温柔，说道："当然，运营管理还要负责数据资料的收集。当运营计划被上级批准后，所有与这份计划有关的部门都会收到相应的计划内容，他们在了解自己需要承担或协调的工作后，就要全力配合运营部门收集、分析和归档数据。比如销售部门负责提供销售数据，财务部和客服部负责核查数据。"

"噢，这个倒是跟目标管理不一样。"女生自言自语道，"看来运营管理真的很重要。"

"还不止这些呢，亲爱的。"玛丽导师微笑道，"运营管理还要进行分析与纠错，这部分也是运营管理的重中之重。做运营的人经常会这么说，'数据有差异，赶紧分析'，意思是在企业运营过程中，经常会出现实际情况与预定目标不相符的情况。这种情况被运营人员称作'经营偏差'，而他们的作用就是寻找究竟哪部分出现了偏差。"

杜伟男点点头，及时纠错，这就是他想设置运营管理部门的初衷（如图 14-2 所示）。

运营部门就是一个将企业的运行和经营进行精细化管理的监管部门。从企业经营计划的制订、执行到结果，运营部门都参与其中。

图 14-2 运营部门要做什么

玛丽导师接着说道："通常情况下，企业会从两方面进行偏差追寻，一是计划，二是经营。从计划角度看，企业运营是一项长期的工作，其间必定有与计划出入的偏差。所以，我们要考虑运营计划制定得是否合理，是否需要变更调整。从经营角度看，我们在分析时要从市场环境、国家政策、产品研发、服务质量、品牌效应和客户体验等方面着手进行。"

大家纷纷点头表示明白。

玛丽导师微笑着说道："不管是神秘的中国，还是我们西方国家，军师这个职业是从很早之前就出现的。企业也一样，运营管理部门就相当于企业大军中的军师部门。军师部门从外部获取信息，在内部整合信息，再将所有信息进行分析，这样才能掌控整个市场的数据，为领导决策提供依据，让企业立于不败之地。"

同学们听得热血沸腾。这时，一位女士说道："运营管理只能在企业内部实施吗？"

玛丽导师摇了摇头，说道："当然不是，亲爱的，你看，刚才我已经说到了运营管理的任务之一就是从外部获取信息。所以，运营管理工作的重点之一，就是要跟企业的客户打好交道。要想跟客户打好交道，那了解你的客户就变得非常重要了。"

第二节　了解你的客户很重要

"跟客户打交道？"

玛丽导师此话一出，大家都露出了奇怪的表情。

一位穿西装的男士忍不住说道："跟客户打交道不是营销部的工作吗？"

玛丽导师微微一笑道："我就知道有些朋友会把运营和营销搞混，也不怪大家，因为运营管理和营销管理的确有一部分是相似的。这么说吧，如果某公司这个月拿到了 1000 单，大家觉得这是运营的功劳，还是营销的功劳？"

"肯定是运营的功劳啊，没有运营制订计划，营销也没法按计划行事啊。"

"不对，肯定是营销的功劳，人家不卖出去产品，你计划制订得再好也没用啊。"

......

等大家讨论得差不多了，玛丽导师微笑道："其实，大家说的都有道理。所以，这1000单应该是运营和营销共同的作用，毕竟公司的运行是复杂的，大家要通力合作才能创造业绩。而且，大家脑海中已经固化了'运营做计划，营销跑实战'的思维，却忽略了运营也是要跑实战的。"

"运营怎么会跑实战呢？"大家都感到迷惑不解。

玛丽导师说道："如果运营不跑实战，那做出的计划就是纸上谈兵。他们只有真正了解市场，接触客户，才能把计划做出来呀。（如图14-3所示）"

图 14-3　了解你的客户很重要

大家都露出了恍然大悟的表情。玛丽导师继续说道："还是用战场举例吧。在战争中，红方决定对蓝方进行轰炸。这时，他们要派出侦察兵了解敌情，然后再派出轰炸机对侦察兵设定的地方进行重点轰炸。运营管理就相当于侦察兵，要事先了解客户的需求。当运营与客户沟通完毕，了解客户的想法后，营销这台轰炸机就可以出动了。营销会根据运营给出的方案，在市场上有针对性地投放'炸弹'。也就是说，完成'轰炸任务'，是需要运营管理部门和营销部门两方面相互配合的。"

"噢，原来在营销实战销售前，都是运营在负责打好前阵啊。"大家立刻对运营有了更深层次的了解。

玛丽导师也点了点头，说："是啊，有句话叫'客户就是上帝'，要想真正搞清客户的需求，企业就要通过运营部门了解客户，抓住客户的痛点。关于让客户满意的运营管理，我们可以从品牌管理、产品管理和服务管理三方面着手进行。我们先来看品牌管理，品牌管理可以分为两个阶段。"

说完，玛丽导师在白板上写下两个词：知名度管理，名声管理。

"知名度大家都明白吧，就是让客户认识你，这是第一个阶段。"玛丽导师说道，"现在大部分企业都会把时间和精力用在知名度上。企业会使用巨额广告费和营销费来提升自己的知名度，渴望在市场制造更大的影响力。但是，在知名度打出去后，大部分企业都会忽视掉第二个阶段，也就是名声管理阶段。"

李彬思忖了一下玛丽导师的话，确实有道理。现在很多企业都把曝光率看得相当重要，但曝光率并不代表品牌。比如某些App声名远播，谁都喜欢调侃几句，但真正使用起来，大家却不约而同地选择了另一款，因为知名度高的品牌未必就是好品牌。

相反，如果企业出了问题，这有名反而比无名更可怕。

果然，玛丽导师继续说道："这个知名度也是分好坏的，只有好的知名度，才能扩大企业和产品的影响力。所以，品牌的第二阶段才是重点阶段，而要想达到第二阶段，就必须让客户对你的品牌点头，让他们满意。"

杜伟男频频点头，毕竟"我听说过银河公司"跟"银河公司真不错"，所产生的效果是相差甚远的。

玛丽导师啜了一口咖啡，继续说道："第二个方面就是产品管理。质量是产品的核心，对这句话大家没有疑问吧？"

大家纷纷摇头，表示没有问题。玛丽导师继续说道："这个'质量'不仅包括我们常说的质量，还包括品位。比如葡萄酒行业，一支红酒生产出来后，它的质量已经过关，但由于存放时间过久，它出现了明显的酸味，这就是质量过关了但品位不过关的现象。"

"噢，我明白了，您的意思是，产品达到公司规定的标准并不能算质量过关，只有让顾客满意，让他们点头，这才算是质量过关？"刚才的男士问道。

玛丽导师点了点头道："是啊，不过，品位这种东西原本就是依照个人喜好来决定的。就拿家电举例，除了过硬的质量标准外，如果我们的家电产品配置更高些，客户也会更青睐我们的产品。这时候，及时了解客户的使用体验就非常重要了。"

"这个我们已经理解了，您还是快些讲讲服务管理吧。"一位胖胖的女生说道，"我是做客服的，运营部门经常给我们出难题，我觉得我做得够好了，可运营那帮人就是不放过我们，这是咋回事呢？"

玛丽导师温和地说道："服务管理，其实不仅体现在营销环节，也体现在售后环节。体现在营销环节的服务，就是让顾客心甘情愿地购买产品；体现在售后环节的服务，就是让顾客明白我们不是把产品卖出去就不管了，如果产品出现问题，我们一样会负责。我想请问你是做哪一类客服的呢？"

胖女孩想了想，说道："我是销售客服。"

玛丽导师温和地问道："那你在进行销售服务时，通常会怎样介绍产品呢？"

"当然是怎么能卖出去，就怎么介绍了。"胖女孩皱着眉头说道。

一位男士说道："这不好吧，这不是欺诈吗？一块牛粪吹成一朵花，我最讨厌这样的销售了。"

胖女孩当即说道："我不是那个意思，我是说，我肯定会着重介绍产品的优点啊。"

玛丽导师摇了摇头道："亲爱的，其实你们运营管理人员的意思，我差不多能猜到一二。他的意思是让你在介绍时，不要只说优点不说缺点。如果只说优点，顾客买走后发现不是自己想要的，那还是会找到公司退货，给双方添麻烦。"

胖女孩点了点头道："您说得也对，但是，我不着重说优点又怎么能卖出去呢？我是卖空调的。"

玛丽导师想了想，说道："比如说，你们有一款性价比很高的移动空调，优点是便宜、制冷制暖快、不费电，缺点是噪声大。那你就可以这样介绍'请问您是自家长期用还是租房短期用？一般买移动空调的都是短期用，毕竟它比挂式机更方便移动。我们这款移动空调性价比很高，价格您看到了，比同类型的便宜很多，而且制冷制暖快，重点是它还不费电，非常适合学生和租房的上班族使用。但它有一个缺点，就是噪声有点大，虽然不扰民，但睡觉的时候开这款空调还是有点影响睡眠质量的。不过，相比它的其他优点，噪声大我个人觉得是可以接受的。我们只要在睡前关掉空调即可，毕竟它的噪声也没有那么大，不影响您在家中的正常活动'。"

胖女孩恍然大悟道："噢，我明白了，谢谢您！看来运营管理人员真的很难做，我也要多理解他们了。"

"是啊，运营管理人员要负责的事情原来这么多！"大家也都露出了更加严肃的表情。

"我们在前面已经提到了，运营管理工作是渗透到企业方方面面的。不仅要了解客户，运营管理人员还要负责产品的质量把控。"玛丽导师说道，"俗话说'质量是重中之重'，而运营管理又贯穿企业的各个方面，所以质量方面的运营管理，自然也是各个企业的重要课题了。"

第三节　质量是重中之重

关于质量的重要性，现场没有一个人表示怀疑。

于是，大家都做出一副洗耳恭听的样子，安安静静地听玛丽导师讲管理学理论。

玛丽导师微笑着说道："关于运营管理中的质量管理的重要性，我在这里也就不做赘述了，我们一起来看方法，好吗？"

大家立刻点头表示赞同。

玛丽导师在白板上写下四点要求：坚持按标准组织生产；强化质量检验机制；实行质量否决权；严抓影响产品质量的因素并

设置质量管理（控制）点。

"我们先来看第一个问题——坚持按标准组织生产。"玛丽导师认真地说道，"中国有句话我很喜欢，叫'没有规矩不成方圆'。标准化工作，就是质量管理中的重要前提，企业的标准又分技术标准和管理标准，管理标准又是工作标准的前提。而且，所有标准都是以产品为核心而展开的。所以，产品的质量标准又分为技术标准和管理标准。"

"什么是技术标准，什么又是管理标准呢？"一位男士举手问道。

"技术标准，主要是指产品的原材料标准、半成品标准、成品标准、工艺品标准、包装标准、检验标准等，这些都是运营管理需要管理的部分。在质量监管这一块，运营管理一定要沿着产品生产的脉络，从头开始层层把关，让每一个生产环节都在控制状态下。"玛丽导师认真地解释道。

"而管理标准，则是为了规范人的行为。"玛丽导师继续说道，"人的行为主要包括两方面——人与人之间的行为、人与物之间的行为。制定管理标准，是为了提高产品生产员的工作质量，也是为了控制产品的质量。一个企业制定什么样的质量标准，能直接反映该企业管理水平的高低。所以，企业为了做好管理标准，就要严格做到这三点。"

根据玛丽导师的话，杜伟男在本上飞速记着笔记。

（1）建立健全企业生产环节的技术标准和管理标准，同时让技术标准和管理标准配套。

（2）严格执行标准，不管是人的标准，还是产品的标准，都要经过严格规范。尤其是人的标准，更要通过考核和奖惩的方式严抓。

（3）不断修订标准，因为标准不是一次性就能制定完美的，它需要在实践中慢慢丰满。所以，在质量管理这一块，运营管理要保持住标准的先进性。

"下面我们来看第二个问题——强化质量检验机制。"玛丽导师顿了顿继续说道，"其实，管理者们进行质量检测的目的，就是让其在生产过程中发挥以下职能——第一，把关的职能；第二，预防的职能；第三，报告的职能。所谓'把关的职能'，又被称作'保证的职能'。其意思是对各种原材料、半成品等产品进行检验和甄选，从而保证不投产不合格的产品。所谓预防的职能，就是通过质量检验所得的信息与数据，发现问题、排除问题，预防有不合格的产品出现。所谓报告的职能，就是质量管理者需要将监管中发现的产品质量信息与问题及时向领导汇报，以此提高全员警惕性。"

玛丽导师喝了口咖啡，润一润嗓子。等同学们记得差不多了，一位女士举手说道："请问，我们应该怎样提高质检工作呢？"

玛丽导师略显疲倦，但依旧带着优雅的笑容道："要想提高质量检验工作，我的建议是建立健全相关机构，让配套设施能满足质检人员的需求；还要建立健全相关制度，从原材料进厂开始，就要由相关制度把关，而且要做好原始记录。这份质检制度一定要把生产工人与检验工人的责任划分开，并且分别追踪。但是，生产人员不能只负责生产，还要进行自检、互检等。检验人员也不能光负责检验，同时也要承担起指导生产工人工作的责任。再有就是要树立质检机构的权威，任何部门和人员都不得干预质检机构的活动，经过质检机构检验，确定为不合格的产品，全公司没有任何部门有权力让它们出产线。"

确实，产品质量真的要严格把关。如果质量关不能严把，那企业赖以生存的条件也就被破坏了。想到这里，在场的同学们都露出了严肃的神情。

玛丽导师继续说道："我们接着来看第三个问题——实行质量否决权。实行质量否决权的原因，是因为产品质量需要靠工作质量保证，而工作质量的高低又取决于人。所以，如何提高人的积极性，这是质检工作的重中之重。"

"这个我知道，就是质量责任制。"一位女士说道，"我们公司的主要任务就是产品生产，所以，我们必须要让企业的管理人员、生产人员和技术人员切实履行质量责任制，明白自己要负责的部分是什么，工作标准是什么，然后将产品质量与奖罚制度挂钩。"

"是的，亲爱的。"玛丽导师温和地说道，"现在很多企业都将质检标准作为领导考核的重点之一。如果某位领导在质量管理方面出现问题，那在评选先进和晋升时，就可以被一票否决。"

"下面我们来看最后一个问题——严抓影响产品质量的因素并设置质量管理（控制）点。我们都知道，产线需要被很好地控制，这样才能保证达到规定的生产要求。要加强这方面的管理，就需要管理人员对整体系统进行分析，找出生产的薄弱环节并加以控制，以此生产出高品质的产品。"

大家听得频频点头，没想到玛丽导师虽然是一位女管理学家，但眼光却非常独到，不愧是被大家称作"其思想至少超前了50年"的女性。

玛丽导师优雅地喝了口咖啡，然后说道："亲爱的各位，不管是做品牌、做服务，还是做产品，我们都要用心管理。好了，今天的运营课程就到这里了，希望大家在上完课后，能对运营方面有一些感悟。大家，再会。"

人群中立刻爆发出热烈的掌声，尤以男同胞的掌声最为热烈。

第十五章
肯尼斯·布兰查德导师主讲"多样性"

　　本章通过四个小节，讲解了肯尼斯·布兰查德的关于多样性管理理论的精髓。同时，作者使用幽默诙谐的方式，为读者们营造出一种轻松明快的氛围，让读者能在愉悦的氛围中，提高自己的管理能力。本章适用于所有渴望了解多样性管理的内容，且有提高自身管理能力欲望的读者。

肯尼斯·布兰查德

　　（Kenneth Blanchard，1939 年至今），当代管理大师，美国著名的商业领袖，管理寓言的鼻祖，情景领导理论的创始人之一，曾帮助众多国际公司进入全球 500 强行列。肯尼斯·布兰查德不仅是出色的管理学家，也是杰出的演说家，更是成功的企业顾问，其畅销书曾荣获国际管理顾问麦克·菲利奖。肯尼斯·布兰查德也被誉为"当今商界最具洞察力、最有权威的人"之一。

第一节　多样性管理是什么？

自从成立了运营部，并且让梁欢和纪天敬担任高管后，银河公司的业绩虽未见明显成效，但整个公司的风气却跟以前大不一样了。李、杜二人自然高兴，打算以运营部为中心，再扩充几个其他部门，将公司的管理做到更细化。

这天，又到了去 R 大听课的时间。四人早早来到礼堂，都想赶紧听听今天的管理学导师要教授些什么。

没过多久，一个神色欢快的小老头就笑意浓浓地走上了讲台，说道："哎呀，各位来得真早，我是今天的管理学导师——肯尼斯·布兰查德。听到我的名字，可能不少人都觉得我是个探险家，但我在管理学方面的造诣还是非常不错的啦。"

"噢！肯尼斯导师！我知道您，您是'当今商界最具洞察力、最有权威的人'！"一位戴护额的男生高声说道。

"之一，我是'当今商界最具洞察力、最有权威的人'之一。哎呀，多谢夸奖。"肯尼斯导师笑眯眯地擦了擦脑门上的汗。圆滚滚的身子配上圆滚滚的面庞,让肯尼斯导师显得格外憨态可掬。

李、杜二人看着眼前的小胖老头，很难想象他是"当今商界最具洞察力、最有权威的人"之一。可肯尼斯导师却不在意大家的看法，反而开门见山道："管理，其实就是管人。我管你，你管他，他管自己。但是，时代是进步的，所以管理学也在不断发展，变得科学合理且多样性起来。"

"肯尼斯导师，"一位扎着哪吒同款丸子头的女生举手问道，"这个'科学合理的管理'我可以理解，'多样化'我就不理解了，您能具体讲讲吗？"

"当然可以，"肯尼斯导师说道，"多样性管理就是我今天要教授的内容。虽然它并未开辟专门的学说理论，但作为一个术语，它早已被管理学界广泛接受了。我为什么要讲多样性管理呢？因为企业是由'人'构成的，且当前的企业是现代化与全球化并行的企业。这些企业的构成人员性别多样、国籍多样、年龄多样、文化背景多样、专业技术多样、宗教信仰多样、个人性格多样，正是这些'多样性'的存在，让企业的管理方式已经不能只拘泥于单一固定模式了，多样性管理也就应运而生。"

"噢，我明白了。"扎丸子头的女生说道，"虽然我明白了理论，但多样性管理具体要怎么管理，我现在还是一头雾水，还请您讲得明白一些啦。"

肯尼斯导师依旧愉快地说道："当然，在我讲课的过程中，大家有听不懂的地方，也请像这位女生一样及时提出。给大家透露一点，我是非常喜欢帮人解惑的！"

说完，肯尼斯导师俏皮地眨了眨眼睛，大家也都露出了轻松的表情。

肯尼斯导师清了清嗓子说道："要做好多样性管理，我们首先要确定各个方面的多样性是如何影响你的工作场所、人员和流程的。这是一个很关键的问题，比如'什么是现在正在执行的任务''我有没有足够的人去完成这个任务''我当前有多少方案去完成任务'等。"

"打个比方说吧，有一个项目需要一个团队去完成。要想完成这个任务，我们就要让团队里包含技术人员、一线工人、公关人员和管理人员，这四种类型的成员缺一不可。"肯尼斯导师说道，"没有技术人员，这个团队就没有创造性和操作性；没有一线工人，这些产品设计得再好也是 PPT 产品，根本生产不出来；没有公关人员，这个产品即便生产出来也无人问津；没有管理人员，这个团队就是一盘散沙。我这么说，大家都能听懂吗？"

大家纷纷点头，肯尼斯导师的讲解有理有据有例子，自然是能听得懂的。

看场下观众没有异议，肯尼斯导师继续说道："再有就是，身为管理者的各位一定要检查好自己的角色，并且扮演好自己的角色。因为被管理的员工和公司都是多样的，所以管理者一定要有接受多样性的觉悟，毕竟多样性是所有工作中固有的部分。"

"我们不妨回想一下自己遇到过的员工。"肯尼斯导师闭着眼说道，"我们肯定会率先想到那么两三个人，然后一个接着一个，各种类型、各种性格、各种岗位的员工都会从我们脑海中冒出来。但是，我们再反思一下自己，我们在管理这些员工时，真的花时间审视他们的背景、了解他们的想法了吗？我们之中应该有不少人都对一些员工存在成见和偏见吧？如果答案是肯定的，那你在管理过程中难免会失去客观性和公正性，也难免会因为不包容多样性而失去人心。"

不少人也学肯尼斯导师的样子，闭上了眼睛回想自己遇到过的员工。其中有部分人都露出了不好意思的神色，看样子是想到了自己曾经的偏见。

肯尼斯导师摇头晃脑，继续说道："最后就是检查公司内部多样性所面临的挑战，比如劳动力太过单一，方案太过简单，没有备选的风控措施，等等。"

戴护额的男生举手高声说道："您刚才说，员工都是具有多样性的，对吧？那什么是多样性员工？对这些多样性员工，我们又该如何管理呢？"

肯尼斯导师笑眯眯地说道："这个嘛，且听我慢慢道来。"

第二节　多样化员工与多样性管理

"大家都知道，随着中国国内社会主义市场经济的发展，社会生产方式也呈现出多样化趋势。"肯尼斯导师显然对中国十分了解，说道，"为了与社会生产方式同步，企业就需要多样化的员工。所以，如何吸引并发展多样化的员工队伍，如何战略性地协调团队人才，就成为各个企业管理者的重要工作。"

一个穿绿卫衣的女生举手说道："什么是多样化的员工呢？之前戴明导师跟我们讲过如何'控制'各种性格的员工，您跟戴明导师讲的是一个意思嘛？"

"当然不是了，孩子。"肯尼斯导师笑道，"戴明导师是从性格多样化方面讲控制，而我则是从更广泛的多样化方面讲管理。毕竟员工的多样化不仅体现在性格上，还体现在文化等各种方面。这样吧，我先给各位讲解一下什么是多样化的员工。"

"多样化的员工，已经不仅仅指构成企业人力资源的各种员工了。"肯尼斯导师说道，"从员工个人角度看，他们自身也需要具备多样才能，凸显个性色彩。总而言之，我们可以用这样一句话来描述多样化的员工的管理内容——'一个企业中，所有员工在保证服从共同目标管理的前提下，具备多样化的差异（如性别不单一、年龄多层次、能力多元化、气质性格多样），兴趣正当、正面，且能与工作内容吻合，让企业成为由年龄层次衔接完好、能力知识配套、心理包容性强、目标高度统一的员工组成的团体'。（如图 15-1 所示）"

性别不单一、年龄多层次、能力多元化、气质性格多样化的员工群体，能让企业更有活力和创造力。

图 15-1　多样化的员工

杜伟男点点头，确实，员工多样化能为企业带来更大的商业价值，也能让企业在激烈的市场竞争中保持战略优势。员工多样化还能让团队更有创造力，从而为企业带来更多的机会。

肯尼斯导师继续说道："各位可以想想，在一个企业中，员工多样化意味着他们能应付各种不同的客户及市场，这是提高企业核心竞争力的关键啊。"

"那，我们应该如何管理多样化的员工呢？"戴护额的男生举手问道。

肯尼斯导师喝了口咖啡，然后咂了咂嘴道："首先，我们必须要树立'以人为本'的管理理念。我知道，这句话在管理学界是老生常谈了，尤其是在讲求'以人为本'的中国，大家肯定也都耳朵听出茧子了。但多样性管理中的'以人为本'，可不只是让你们了解员工、尊重员工那么简单。"

"我给大家举一些国际著名企业的例子，大家就知道我什么意思了。"肯尼斯导师笑眯眯地说道，"比如日本的本田，它的企业文化是'尊重个性，以人为本，实现创新，共享喜悦'；而摩托罗拉的企业文化则是'精诚公正，以人为本，实现本土化'。可见，各个企业都打出了'以人为本'的文化旗号，但具体内容却不一样。本田更看重个性创新，摩托罗拉更看重诚实公正。大家明白我想表达什么了吗？"

大部分同学都摇了摇头。李彬好像知道肯尼斯导师的意思，但却说不好，只好等着肯尼斯导师继续往下讲。

只见肯尼斯导师哈哈一笑，直白地说道："每个企业都有看重的一点，比如有的企业看重努力，那么，该企业的'以人为本'就是以努力上进的员工为本；有的企业看重创新，那该公司的'以人为本'就是以创新人才为本。这回大家明白了吧？"

这次大家纷纷点头，表示听明白了。肯尼斯导师满意地说道："既然大家搞懂了这一点，那我就继续往下讲啦。除了'以人为本'外，企业还要构建多元化的文化，这样才能满足管理多样化员工的需求。对了，马克斯·韦伯导师给你们讲过全球环境下的管理了吧？"

"讲过啦！"大家纷纷回应道。

"那么，大家都知道各国企业开始突破地区限制，纷纷走向国际舞台了吧？可是，随着舞台的延伸，一些企业出现了文化不能兼容的局面，继而出现文化多样化趋势。"肯尼斯导师颇为认真地说道，"最后，这样的企业会转化为多元化企业，其间包容了不同的文化，也包容了不同的管理思维。为了成功适应这样的舞台，管理者们就要让自己的视野更加开阔，要对未来的多种可能性进行分析和判断，形成'群体思维'。"

"是的，您说得对。"一位戴棒球帽的男士说道，"我是做跨国公司的，我们公司文化就相当的多元化，因为我们必须考虑到不同员工、不同团队、不同组织间的碰撞，所以我们公司的企业文化必将是复杂的。"

肯尼斯导师点点头道："是啊，所以，你们要做的就是将管理体制中的偏见、矛盾等最小化。组织和团队间也要相互借鉴，这样才能构建多元化的企业文化。"

"肯尼斯导师，那我们应该如何对多样化的员工进行多样化管理呢？"一位女生小心翼翼地提问道。

"这个问题问得好。"肯尼斯导师笑眯眯地说道，"在我看来，企业如果想对多样性员工进行多样性管理，就要做到以下四个方面。"

"这第一个方面，就是管理者要具备开放的心态以及必要的沟通技巧。随着企业国际化进程的加快，管理者必须要有渴望了解不同文化背景的意愿，要喜欢跟人打交道。只有用这样开放的心态去接受复杂的知识，才能让不同背景的员工愿意听从你的安排。在这个基础上，管理者要强化自己的沟通技巧。相信之前的导师已经给大家讲过沟通了，那我在这里也就不赘述了。总之，作为管理者，我们要充分了解不同的员工，也要让员工们了解我们，这样才能让多种多样的人聚在一起进行有效率的工作。"肯尼斯导师说道。

肯尼斯导师喝了口咖啡，继续说道："我们再说第二个方面，那就是管理者要采用多样化的福利制度。相信之前的导师也给各位讲过激励制度了，里面包含物质奖励和精神奖励，对吗？"

"是的，是弗鲁姆导师讲的！"大家纷纷回应道。

"哈哈，看来各位的记忆力都很好嘛。"肯尼斯导师满意地笑道，"员工福利，其实说白了就是让员工们感受到温暖、安全感和归属感，它能有效地增强凝聚力与向心力，让员工有更强的动力与活力去为企业奋斗。但是，不同文化背景、不同职位、不同性格的员工对福利的渴求是不同的。我们需要按照弗鲁姆导师讲过的激励方式，对不同的员工采取不同的奖励方式，用多样化的福利'套牢'员工。"

肯尼斯导师顿了顿，继续说道："这第三个方面，就是要针对多样化的员工，采用多样化的培训方式。由于不同员工在技能构成上有较大的差异，所以管理者在员工的培训方面要做到灵活安排，要充分利用各种教育资源，这样才能提升培训效果。总的来说，在针对多样化的员工的培训中，对老员工要坚持以业余培训为主，同时兼顾规范化培训和适应性培训；对新员工要坚持以规范化培训和适应性培训为主，同时兼顾业余培训。而且，在企业的发展过程中，管理者要及时对员工进行更新式培训，以免与时代脱节。"

"第四个方面，就是要对多样化的员工进行综合性管理。"肯尼斯导师说道，"综合性管理具体包括多样化的激励制度、多样化的晋升渠道、多样化的薪酬构成等。不少企业还构建了员工的职业生涯设计，具体就是结合员工的意愿、性格、文化水平、生活状况等为其制订一个职业发展计划，并且用一年的时间进行修正调整，让员工具备在公司可持续发展的能力。"

看大家记录得差不多了，肯尼斯导师愉快地拍了拍手，道："对了，各位，你们有没有发现最近市场上的劳动力大军，跟之前相比有了很明显的变化？"

第三节　劳动力大军的进化史

"哎呀，这肯定有变化啊，变化简直是太大了。"一个皮肤黝黑的中年男子道，"我年轻的时候去工地看，那些农民工甭管是胖的、瘦的，少说也能肩扛 300 斤。可是现在呢？这些小伙子们一个个看着挺壮，可扛 100 斤都费劲，您说能没变化吗。"

大家都笑了，但想想也是，在这个时代，年轻一代劳动力的体力水平似乎真的挺低。

肯尼斯导师笑眯眯地说道："不仅是中国，美国其实也遇到过类似的事情。大家听说过'刘易斯拐点'吗？"

刘易斯拐点？大家都露出了疑惑的表情，只有少数几个人表示知道这个词。

肯尼斯导师在白板上写下"劳动力过剩—劳动力短缺"后，说道："刘易斯拐点，其实就是一个国家从'劳动力过剩'到'劳动力短缺'的转折。如大家所见，中国已经进入人口老龄化社会了。有谁知道老龄化会带来什么后果吗？"

"知道！"

"会让劳动力出现短缺！"

大家纷纷说道。

"不错。"肯尼斯导师肯定道，"在过去几十年间，中国经济突飞猛进的原因之一就是人口红利。中国之所以能被称作'世界工厂'，是因为它拥有大量的廉价劳动力。当中国走向老龄化社会后，就必将出现用工成本攀升的现象，就像日本一样。"

"您说的这点我们早就见到了。"一位男士无奈道，"从2004年开始，我们国家的劳动力工资出现大幅度上升，那个时候我就预见到刘易斯拐点出现了。我们公司下属的几个工厂都出现了不同程度的'用工荒'，农民工劳动力变得供不应求。"

"是啊。"肯尼斯导师感慨道，"中国的刘易斯拐点的出现其实是提前了，我也没预料到贵国的人口红利会过早消退。但仔细一想，其实这个刘易斯拐点也并非是提早出现了。因为农村人口流入城市的最初原因是城市收入高，但随着城市房价、物价的飞涨，农民工在城市的生存成本也变得更高，再加上无法落户等问题，大部分农民工都重新回到了农村。"

一位女士点头道："如果农村的城市化进程加快，且城乡收入趋于一致，那又有谁愿意背井离乡跑到其他城市打拼呢？除非这个城市的潜力和机会非常大，就像北京和上海一样。否则，企业能找到的也只有本地劳动力和一些应届毕业生罢了。"

另一位女士也说道："而且，农村缺乏规模效应，其生产率和经济效率肯定比城市低了不少。我觉得，刘易斯拐点出现得过早其实不是件好事，但要让我说出一个解决办法，我也想不出来。"

肯尼斯导师笑着说道："两位女士的顾虑和考量都非常正确。其实，要解决这个问题也并非没有办法。我们只要加快城市化进程，让城市与农村协同发展，同时促进农村产业转型升级，让劳动力从劳动密集型产业流向服务业和高新技术产业即可。"

"您说得对。"李彬点头说道，"现如今，我国的农业劳动力纷纷转向非农劳动力，农村劳动力也开始向城镇转移。从职业方面看，就像刚才那个大哥说的，现在的劳动力也从体力化向脑力化发展。就算没有从体力化向脑力化发展，那低级体力劳动力也在向高级体力劳动力发展，低级脑力劳动力也在向高级脑力劳动力发展。"

一位穿米色西装的男士说道："你这一段话都给我说蒙了。反正，我就知道过去是'人找厂子'，现在是'厂子找人'。我不知道别的厂子怎么样，反正我们厂子的管理宗旨就是留人才，只要对方有真才实学，我们会尽量满足对方的求职需求。"

"不只你们，我们单位也是。"另一位男子说道，"我们开的招工条件很优渥了，但即便是在招工旺季，也经常出现招工难的状况。之前咱们国家的劳动力供给市场就像个取之不尽的大海，现在呢，感觉就是个蓄水池，劳动力正从无限供给变成有限供应。"

肯尼斯导师笑着说道："是啊，不仅中国如此，全世界都是这样的。而且，现在企业对劳动力的技能也有了越来越高的要求，还设置了诸如学历、经历等门槛，所以，劳动力大军的进化之路其实也是企业为他们铺就的。"

穿米色西装的男子说道："嗨，现在的劳动力市场都是'80后''90后'的天下，他们跟上一代劳动力相比，有更加强烈的共享愿望。但是他们虽然有能力，也想融入城市，可却买不起房也落不了户。所以，他们一直在争取各方面待遇，并不急着求职。"

"是的。"肯尼斯导师点头表示肯定道，"所以，他们也就更关注就业质量了。在对企业没有信心前，大部分劳动力都不会选择出手。（如图 15-2 所示）因此，各位管理者们依然要提升企业质量，这样才能在用工成本增加的今天发现人才、留住人才。"

大家都纷纷点头，表示赞同肯尼斯导师的话。

图 15-2　劳动力市场的有限供应

　　"再给各位透露个消息吧，下堂课就是管理学的最后一堂了，给大家上课的是位很风趣幽默的导师，大家可以期待一下。那么，好！下课！大家再会！"肯尼斯导师说完，冲着台下挥了挥手。同学们不舍地拍着手，用最热烈的掌声欢送这位颇有魅力的管理学家。

第十六章
罗伯特·坦南鲍姆导师
主讲"领导行为"

本章通过四个小节，讲解了罗伯特·坦南鲍姆的领导行为管理理论的要点。在罗伯特·坦南鲍姆看来，领导者是企业的主心骨，其行为对管理企业具有重大意义。为了帮助读者更好地理解罗伯特·坦南鲍姆的领导行为管理学，作者将罗伯特·坦南鲍姆的观点熟练掌握后，又以幽默诙谐的方式呈现给读者。对领导行为管理有兴趣的读者，本章是不可错过的部分。

罗伯特·坦南鲍姆

（Robert Tannenbaum，1915—2003），美国著名企业管理学家，领导行为连续体理论的提出者。罗伯特·坦南鲍姆曾在美国芝加哥大学攻读并获得博士学位，在长期担任人才系统开发教授时，他开始为美国及世界范围内的企业提供广泛的咨询服务。在领导理论方面，罗伯特·坦南鲍姆提出了富有创见的连续分析方法，他和沃伦·施米特合著的《如何选择领导模式》，也是业内一部著名的管理学专著。

第一节　有魅力的领导风格

终于到了最后一堂课，杜伟男和李彬早早便收拾停当，梁欢和纪天敬也穿了正装，一行人颇为隆重地来到了 R 大礼堂。

可能因为是最后一堂课，礼堂里的学生们看上去也格外严肃。四人找到一处离讲台近的地方坐下，刚坐定，就有一位面带微笑的西方男子走上了讲台。

只见他满面春风，笑意盈盈地跟大家打了个招呼："嗨，各位，大家晚上好。今天是最后一堂管理学课了，而我是今天的管理学导师——罗伯特·坦南鲍姆。今天我们的课程内容是领导行为管理。"

"领导行为管理？是说领导的作风要优良，不能出什么作风问题吗？"一位男士问道。大家听完都笑了，现场气氛也活跃了一点。

罗伯特导师也笑着说道："当然，你说的这个也算领导行为管理的一方面，但我们要说的不止这些，还有领导在公司中的管理行为。毕竟在现代社会中，各级领导都会对工作提出新的要求，员工在领导的要求下往往会感觉力不从心。所以，把管理方法、经验上升为科学，就成为领导们必须研究的现实课题。"

"您说得对，我十年前开了一家公司，现在规模不大不小，但比较稳定。我特别喜欢看企业家们的管理故事，也想效仿他们做一个有魅力的领导，但却不知道从何处下手。"一位穿格子衬衣的中年男子说道。

罗伯特导师点了点头道："是啊，在企业中，那些优秀领导的作风和能力都是非常值得借鉴的。我在研究了大量成功领导的案例后，发现他们出类拔萃是有原因的，因为他们具备一些特殊的领导作风及能力。"

"比如呢？"穿格子衬衣的男子迫不及待地问道。

"比如言出必行就是一项非常有魅力的领导行为。"罗伯特导师笑眯眯地说道。

只见穿格子衬衣的男子露出了微微失望的样子，说道："啊？言出必行在我们国家是老生常谈了，还有没有别的魅力啊？"

罗伯特导师微微一笑道："不仅在中国，言出必行在世界范围内都是有名的。但是我们可以想想，大家都知道言出必行是有魅力的行为，但又有几个人能做到呢？"

李彬点了点头，确实，我国自古以来便有"商鞅变法，立木求信""人无信不立，国无信不国"这样的说法，可见"言出必行"对于管理者来说非常重要。

罗伯特导师说道："我们把'言出必行'分开来看，'言出'指的是承诺，也是领导给员工们画的大饼；'必行'是行动，是让员工们吃到大饼的行为。（如图 16-1 所示）如果领导只会'画饼充饥'，那员工只能因为饥饿和被欺骗而愤懑离开。我们不能把领导比作皇上，但领导作出的承诺一定要说到做到，不管是'我要给你加薪'，还是'再迟到就处罚你'，都要付诸行动，这样才能对创立企业和发展企业起到至关重要的作用。"

有魅力的领导，就是要做到言出必行。不管是处罚，还是奖励，只要说出口，就要兑现"承诺"，否则就会给员工留下"轻浮""不守信"等印象。

图 16-1　什么是有魅力的领导

穿格子衬衣的男子"噢"了一声，说道："明白了。也是，在企业中，我们作为领导，一举一动都被员工看在眼里，也是员工们评论的对象。为了让他们不在背后说我坏话，我也得做到言出必行啊。"

大家听完都笑了，确实是这么个道理。

罗伯特导师笑着说道："是啊，领导不能轻易作出承诺，也不能随便发号施令。因为他们不只是领导，同时也是企业的形象代表。如果领导失信于员工，就会失去民心，失去员工的拥护，也失去员工对他的尊重。因此，身为领导，一定要做到'言出必行'。"

一位穿着白色正装的女士说道："是啊，我在管理公司时就很注意'谨言慎行'，因为这也是尊重员工的一种体现。如果我经常失信于员工，那我的话就没有了分量。以后我在管理公司的时候，不管是奖是罚，员工们都会抱着'反正她也就是随口一说'的心态，有错的下次还会再犯，有功的也不会再次努力。就算员工做得好被我夸奖，他们也会觉得我是在'画大饼'。"

"你做得对，女士。"罗伯特导师说道，"所以，各位领导在管理公司时，一定要本着'少开金口，言出必行'的原则，这样才能让自己的话有分量，才能成为员工心中有魅力的领导。"

"除了言出必行外，还有什么其他的有魅力行为吗？"穿格子衬衣的男子问道。

"当然，不过，这个魅力点同言出必行一样，说起来容易，做起来却难啊。"罗伯特导师神秘地说道，"这个魅力点就是——敢于承认自己的错误。"

一听承认错误，在场不少人都面露难色。

一位卷发男士挠了挠头，有些为难地说道："您刚才用皇上跟领导作了比较，我也想把二者比较一下。古时候，中国有皇帝'知错改错但不认错'一说，我觉得一个公司的领导也是如此。你要是向员工们承认自己错了，那你就没有威信可言了。"

"不，你的担心恰恰是多余的。"罗伯特导师竖起一根食指摇了摇，说道，"相反，只有领导自己敢承认错误，员工才敢指出公司管理方面的不足，企业才有可能避免战略决策方面的失误。美国管理界有这样一句话，叫'老板生病，员工吃药'，各位都听说过吗？"

大家纷纷摇头，罗伯特导师继续说道："这句话其实是针对一些成功的小型企业的领导的。因为他们过去的成功会让其产生盲目的自信，当企业出现问题时，他们不会从自己身上找问题，潜意识里也不觉得自己有缺点。所以，每当问题出现时，他们都会有意无意地从别人身上找原因。这对创新思维的产生极其不利，同时也会加大领导在决策方面出现失误的概率。不愿意承认错误的领导，就会造成企业内的问题无法得到正确解决，甚至会影响到企业的生存。"

说完，罗伯特导师又对大家说道："请各位想一想，如果你们是员工，现在有一个做错了却不认错的老板带领你们，那你们发现问题后还敢指出老板的过错吗？"

"我肯定不会。"一位戴金丝眼镜的女士说道，"很不幸，我的老板就是这样的人。有时候，明明是他的决策出现失误，但'锅'总要我们这些高管来背。他对员工们也是一样的，只要公司业绩下滑，所有员工就要多工作少拿钱。不仅如此，他还要对员工们冷嘲热讽，认为是他们能力不够。如果有人敢给他提意见，或者当面指出他的过错，他就会在工作中给对方'穿小鞋'。就这样，我们公司的人员流失率很高，我也准备年后跳槽了。"

"噢，这真是太糟糕了。"罗伯特导师耸了耸肩膀，"我也劝你赶紧跳槽吧，毕竟有老板如此，这个公司的前景也不会太好。"

大家都若有所思地点了点头。穿格子衬衫的男士举手问道："对了，罗伯特导师。那照您看来，什么样的行为才是最好的领导行为呢？"

"若说最好，其实没有最好，因为每个公司都有自己的独特性，这个世界上没有哪一种管理方法是通用的，大家必须学会使用复杂的管理方法。"罗伯特导师说道，"不过，我倒是可以给各位说一下，什么样的领导行为才是合适的。"

第二节　领导行为，就存在于威严与亲和之间

听完罗伯特导师的话，大家的兴致都被提起来了，毕竟这是一个提高领导魅力行为的重要机会，在场的领导和高管们都竖起

了耳朵仔细聆听。

罗伯特导师在白板的左边写下了"威严"，右边则写下了"亲和"。他站在两个词中间，满面春风地说道："刚才不少同学都透露'作为一名领导，要时刻保持威严'，你们说的其实有道理，因为威严确实是领导行为管理中的一点。当然，我这么说并非是让大家板着脸，而是要让大家把握好威严和亲和间的距离。"

"您是说，太过亲和也不好吗？拿我来说吧，我就比较喜欢跟员工们推心置腹。"一位脸圆圆的女士说道。

罗伯特导师摇了摇头道："亲和并不是说越能跟员工们打成一片就越好。我也见过不少选择跟员工称兄道弟的领导，但造成的后果就是领导在发布命令的时候没人愿意听从。因此，为了树立领导的权威、管理好员工，把握好上下级交往的关系是十分重要的。"

"怎么看自己是否逾越了尺度呢？"圆脸女士疑惑地问道。

罗伯特导师略一思索，说道："各位，请你们思考一下，自己是否时常与员工一同出入各种社交场所？是否对大部分员工都无话不谈？在公众场合，各位的员工是否经常与你们称兄道弟？"

罗伯特导师的话刚说一半，就有不少人纷纷点头。

罗伯特导师一脸严肃道："嗨，各位同学，如果出现了上述的几种情况，那么，你的上下级关系就已经亮起危险的信号灯了。此时，管理者应当立刻采取行动，与自己的员工保持适当的距离，不能过从甚密。你们中国不是有句话叫'距离产生美'嘛，跟员工保持适当的距离还是有好处的，就算领导再亲民，再民主，也要保持在员工心目中的威严啊。"

"是啊。"刚才那位穿格子衬衫的男子说道，"你想想，如果你跟员工们打成一片，让人家把你当朋友了。那他们有事请假，你又不想给假的时候，怎么办？以朋友的身份？人家有事你总不能不让人家请吧？以领导的身份拒绝，人家又会在背后说你虚情假意。所以啊，还是跟员工们保持一定距离的好。像我这样的领导，最怕的就是我把他们当员工，他们却把我当朋友，这样就会让我觉得很难下命令，毕竟朋友是不能命令的。"

"你说得对。"罗伯特导师摊手道，"其实，管理者与员工之间的距离本就不好把握，如果距离太远，就会丧失亲和力，让下属敬而远之；如果距离太近，则容易丧失威严，影响工作，甚至会招来非议。（如图16-2所示）比如你前期一直把员工当朋友，但公司出现问题，你需要命令大家办事时，他们就会在背后议论'老板这是怎么了？之前还跟我有说有笑的，还跟我一起吃饭，今天就把我叫到办公室训了一顿，叫我干这干那的，真不知道他是怎么想的'。"

图16-2　注意你的"亲密行为"

看着大家若有所思的样子，罗伯特导师又讲了这样一个故事。

法国戴高乐将军有一个座右铭，叫"保持一定距离"。这个座右铭，也深刻影响了戴高乐将军与其顾问和智囊团之间的关系。在他十几年的总统生涯中，纵观所有与他合作过的人，包括秘书、参谋和办公厅工作人员等，没有一个员工的工作年限能超过两年。

戴高乐将军曾对新任的办公厅主任说："我只能聘用你两年，所以，就像参谋部的员工不能以这项工作为职业一样，你也不要把办公厅主任当成自己的职业。"

不仅如此，即便是新人，戴高乐将军也不跟他们任何一个人有工作之外的往来。他跟所有人的交往都是有距离的，而且都是相等的距离，没有亲疏之分。因此，有些员工犯了错误，或者想找他办事，他都会秉公处理，绝对不徇私枉法。在戴高乐将军任职期间，他的幕僚们也是最奉公守法的。

听完这个故事，大家都纷纷击掌称妙，啧啧赞叹不已。圆脸女士说道："啊？那戴高乐将军不跟下属交往，平日会不会寂寞啊？会不会影响下属的执行力啊？身为将军，还是总统，不培养几个心腹能行吗？"

罗伯特导师笑着说道："不跟下属交往，并不代表他不关心下属。相反，他给下属们的待遇很优厚。大家可以想想，如果一个领导既想当下属的哥们儿，又想当大家的领导，那结果只能是哪种角色都扮演不好。员工会对领导的这种'两面派'行为怀恨在心，大家的整体效率也不会获得提升。"

"那，我应该如何把握威严与亲和之间的关系呢？换句话说，身为领导，我究竟应当怎样处理与员工之间的关系呢？"圆脸女士认真地问道。

"要想正确把握威严与亲和之间的关系，我们需要做到以下三点。"罗伯特导师说道，"第一点就是不要介入员工间的是非长短，也不要跟员工有过多的闲聊。很多时候，你根本不知道谁是对的，谁是错的。如果你贸然插手员工间的关系，就会让员工觉得'亲疏有别'。'亲近者'容易忽略你的命令，'疏远者'容易对你心生怨怼。"

"噢，我确实喜欢充当员工之间的问题调解员的角色，看来以后一定要注意这点。"圆脸女士恍然大悟道。

"是啊，俗话说'清官难断家务事'嘛，以后这些事你还是少插手为妙，可以让人事部和其他同事们充当调解员的角色。"罗伯特导师说道。

"那第二点呢？"大家纷纷问道。

"第二点就是要召集员工开会。"罗伯特导师说道，"像这位女士一样已经给员工树立'朋友意识'的领导者，要专门召开一场员工大会，用诚恳的语言来表明自己作为一名领导的坚定立场。员工如果在某些方面做出让领导不接受的行为时，领导需要用威严来让员工知道，什么才是员工和领导之间该有的关系。"

圆脸女士听得频频点头，那个架势似乎是等不及要回去召开员工大会似的。

罗伯特导师喝了口咖啡，继续说道："第三点就是不要与员工的关系过于亲密。在企业中，哪个领导都难免有一两个特别欣赏的员工。但如果领导跟这部分员工过于亲密，就会让其他员工心生不满。有时候，这些表现好的员工因为自己的能力获得奖励，反而会被其他员工看成'走关系'得到的奖励，这样对员工们的团结度和凝聚力都不好。"

看着大家都记得差不多了，罗伯特导师笑意盈盈地说道："总而言之，领导在保证亲和力的基础上，也要维护自己的威严，这样才能更好地管理员工。不过，还有一个影响领导权威的因素，那就是——自由度。"

第三节　影响领导权威的是自由度

"自由度？什么意思，是要对员工实行'放养'吗？"穿格子衬衣的男子疑惑地说道。

大家都笑了，这个穿格子衬衣的男子还挺幽默，不过，罗伯特导师说的'自由度'到底是什么意思呢？

只见罗伯特导师闭上眼睛，摇头晃脑，念念有词道："在老子的《道德经》中，有这样一段话——太上，不知有之；其次，亲而誉之；其次，畏之；其次，侮之。信不足焉，有不信焉。悠兮，其贵言。功成事遂，百姓皆谓'我自然'。"

大家听得更懵了，啥玩意儿？什么叫"我自然"？

罗伯特导师睁开眼睛，看着大家一脸懵的表情有些恨铁不成钢地说道："嗨，这可是你们国家的经典名著《道德经》啊，大家都不知道吗？"

一位女生怯怯地说道："导师，这个文言文的我们确实听不懂。其实，中国古代也不是所有人都说文言文的，大多都是说文言白话文的。"

罗伯特导师脸一红，连咳了两声，说道："嗨，先不管那个，我的意思是，《道德经》里的这句话很适合我们今天说的领导行为管理学。我把这句话用管理学语言简单解释一下，就是——最好的领导，通常不会让员工们感觉到自己的存在；次一等的领导，

283

员工们会称赞他并且与他亲近；再次一等的领导，员工们会对他产生畏惧心理；最末等的领导，员工们都会对他表示轻蔑与不屑。当管理者不讲诚信时，员工们都不会信任他。最好的领导很少发号施令，但员工们却能把事情办得很好，如果有人问员工们，员工们都会说'我们本来就应该这样做呀'。"

大家恍然大悟。一位蓄着胡子的中年人说道："这就跟武侠小说中说的一样，高手通常是'此处无招胜有招'呗？领导的最高境界，就是不用管理，大家也能自觉地把工作干好？"

"不错。"罗伯特导师满意地说道，"最高明的领导不会在员工们面前'刷存在感'。也就是说，不管领导在不在公司，在不在岗位上，员工们都能做到领导在与不在一个样，都能积极、主动地工作，这才是领导行为管理的最高境界。"

"可是，这谈何容易啊。平时我在公司里盯着，大家还要想方设法地偷懒呢，我要是不在公司，他们还不得上天啊。"胡子男皱着眉头说道。

罗伯特导师摇了摇头道："不是，是你的方法不正确。当然，这也不能说你的领导行为有错，毕竟这种'无为而治'的境界不是谁都能达到的。但是，听了我的课，你想达到这种高手境界也并非不可能——"

罗伯特导师故意拉长了话音。果然，大家的耳朵都竖了起来，生怕漏掉了什么细节。

"我给大家三个条件做'无为而治'的前提——第一是领导的个人管理素质；第二是授权行为；第三是员工的自我管理能力。"罗伯特导师高声说道。

"我们先看第一条，领导的个人管理素质。"罗伯特导师强调道，"只有领导的个人魅力足够强大，才能让大家心甘情愿地跟随他。所以，领导必须凭借自身的诚信，来获得员工对自己的信任和拥护。只有这样，员工才会乐于听命，即便领导没有发号施令的行为，员工也乐意追随他，真正愿意做到'领导在与不在一个样'。这就是领导的'非权力性的影响力'。"

圆脸女士点了点头道："我也最担心这个问题，我怕我一不在公司大家就上天了。所以，我想从亲和力方面抓住员工的心，没想到还是出了问题。"

"现在纠正也不晚。"罗伯特导师安慰道，"其实，你也可以借鉴第二条，就是学会授权。之前导师给大家讲过授权的重要性了吧？因为领导能力即便再强，也无法控制所有的事情，更无法制定全部决策。当领导尝试控制所有事情时，通常会得不偿失，既把事情做得效率低下，又会给其他员工添乱。因此，领导最好放权给自己的下属去执行，而且基层的员工和管理者，可能要比企业领导更加了解情况。"

"是的，法约尔导师已经讲过授权内容了。"

"亨利导师也提到过。"

大家纷纷说道。

罗伯特导师点点头，继续说道："领导学会正确而有效的授权，非但不会削弱自己的权力与地位，还可以让员工创造出更科学、更出色的解决方案。通常情况下，领导不能正确对员工进行授权的主要因素有对员工的能力不信任、对自己的职权地位看得太重、过高估计自己的能力与重要性等。"

穿格子衬衣的男子说道："也就是说，领导不能正确授权的原因，是管理者对管理的作用与方法缺乏正确认识，对吗？"

"是的。"罗伯特导师赞同道，"最后一点，就是员工的自我管理能力要高，只有培养员工的自我管理素质，领导才能考虑无为而治。领导的思维属于战略思维，而员工的思维是追随性思维。领导需要站在全局角度，综合性地考虑问题。只有或选择或培养擅长自我管理的员工，才能恰当地处理企业协调问题，才能发挥员工潜力，让员工们真正做到'老板在与不在一个样'。"

杜伟男点了点头道："您说得对，我们这些做领导的，确实应该利用好下属心理，同时注意自己的领导行为，这样才能对下属起到潜移默化的作用。"

罗伯特导师笑着说道："我的课程能对你们起到帮助作用，这是最好不过的事情了。好了，各位，中国有句老话叫'天下无不散之筵席'，我们也该说再见了。希望我的课程能对各位有所帮助，也祝愿大家越来越好，各位晚安！"

大家立刻站起身来，用最热烈的掌声送别罗伯特导师，掌声经久不息。

在十六堂管理学课程中，李、杜二人既收获了管理学知识，还收获了爱情。而正在看这本书的你呢，又有哪些收获与心得？

[1] 汪继红.管理学原来这么有趣[M].北京：化学工业出版社，2015.

[2] 罗宾斯.管理学[M].北京：中国人民大学出版社，2012.

[3] 周三多.管理学[M].上海：复旦大学出版社，2018.

[4] 明道.管理学常识速查速用大全集[M].北京：中国法制出版社，2015.

[5] （美）肯·斯密斯.管理学中的伟大思想[M].徐飞，路琳，苏依依译.北京：北京大学出版社，2016.

[6] 李培挺.福列特论管理创新与个体自由[J].天津行政学院学报，2011（2）.

[7] 童中平.戴明管理哲学思想探析[J].中外企业家，2016（6）.

[8] 张银岳，董立群.西方管理思想史的解读方式及其演进的经济学资源[J].管理科学文摘，2005（7）.

[9] 马克斯·韦伯.韦伯作品集[M].康乐，简惠美，译.桂林：广西师范大学出版社，2005.

[10] 修竹.玛丽·帕克·芙丽特：学以致用　知行合一[J].现代企业文化，2015（12）.

[11] 郭咸纲.西方管理思想史[M].北京：经济管理出版社，2004.

[12] 毛秀珍.赫伯特·西蒙：罕见的博学杂家[J].现代企业文化，2010（10）.

[13] 汪罗.明茨伯格：战略过程学派创始人[J].当代电力文化，2014（6）.

[14] 徐业帆.关于现代企业管理中组织文化的思考[J].东方企业文化，2012（11）.

[15] 汪罗.梅奥：行为科学管理的奠基人[J].当代电力文化，2014（5）.